U0780495

附微课视频

汽车电器与电子系统检查与修理

中德诺浩（北京）教育科技股份有限公司 / 组编

吕丕华 / 主编

大连理工大学出版社

内容简介

本书是全国职业院校汽车类专业工作手册式新形态教材。全书分为十六个任务,包括汽车基本电路认知、电路测量、基本电路故障检查、制动灯不亮检查与修理、近光灯故障检查与修理、远光灯故障检查与修理、蓄电池故障检查、发电机拆装与分解、发电机电路故障检查,启动机拆装与检查、启动机电路故障检查。

本书可作为全国职业院校汽车类专业的教学用书,也可作为汽车售后服务企业相关技术人员与社会人士的培训参考用书。

本套教材由吕丕华主编,本书由温江杰负责编写。

图书在版编目(CIP)数据

汽车电器与电子系统检查与修理 / 中德诺浩(北京)教育科技股份有限公司组编. -- 大连 : 大连理工大学出版社,2024.9

ISBN 978-7-5685-5000-0

Ⅰ. ①汽… Ⅱ. ①中… Ⅲ. ①汽车－电气设备－车辆检修－教材②汽车－电子系统－车辆检修－教材 Ⅳ. ①U472.41

中国国家版本馆 CIP 数据核字(2024)第 109551 号

大连理工大学出版社出版

地址:大连市软件园路 80 号 邮政编码:116023
发行:0411-84708842 邮购:0411-84708943 传真:0411-84701466
E-mail:dutp@dutp.cn URL:https://www.dutp.cn
大连图腾彩色印刷有限公司印刷 大连理工大学出版社发行

幅面尺寸:210mm×285mm 印张:9.75 字数:273 千字
2024 年 9 月第 1 版 2024 年 9 月第 1 次印刷

责任编辑:唐 爽 责任校对:陈星源
封面设计:张 莹

ISBN 978-7-5685-5000-0 定 价:42.80 元

序

当前，我国处于由制造大国向制造强国、由人力资源大国向人力资源强国发展的重要时期，党和国家为此制定了一系列科教兴国、人才强国的战略措施。

在人才队伍中，工作在生产一线的技能型人才是重要基础。高素质技能型人才队伍是推动经济社会发展的重要保障，职业教育是培养高素质技能型人才的主要渠道。尽管世界各国国情不同，发展职业教育的条件、政策和具体措施各异，但无论是发达国家还是新兴工业化国家，都非常重视职业教育在培养高素质技能型人才中发挥的重要作用，把发展职业教育作为人力资源开发、振兴经济、增强国力的战略选择。

德国的职业教育水平处于世界领先地位。德国经济在世界金融危机中能依然稳健发展，与其因职业教育发达而拥有大量的高素质技能型人才是分不开的。完备的法律制度和各方面的高度重视，为德国的职业教育发展提供了有力保障。德国的双元制职业教育制度将劳动人事制度与教育制度有机地结合在一起。学校和企业都是培养人才的主体，并承担相应责任，学校和企业的教学计划、形式和内容虽各有侧重，但又相互联系，且均以工作任务为教学载体，将技能学习和训练、理论学习和运用有机结合，充分发挥学生在教学中的主体作用，着力培养学生承担社会责任的能力、独立发现和解决问题的能力，以及在实践中自主学习的能力。

改革开放以来，我国在借鉴国外先进职业教育经验方面取得了可喜成就。我国职业教育的对外交流与合作就是从借鉴和学习德国经验开始的，中德诺浩（北京）教育科技股份有限公司为此做了积极而有效的探索。

　　长期以来,该公司致力于引进德国的汽车职业教育资源,与德国手工业协会合作,在国内与以德国品牌为主的汽车合资企业和各类职业院校共同开展教育工作。经过多年的探索,结合我国国情,该公司成功引进德国汽车类专业职业教育的课程体系、教学素材和教学方法,并利用互联网手段进行了全方位本土化,在此基础上与 300 多所职业院校联手,为我国汽车维修企业培养了大批优秀人才。与此同时,该公司组织中德两国的汽车技术专家、经验丰富的维修技师和职业教育专家,共同编写了全国职业院校汽车类专业工作手册式新形态教材。这套教材以培养高技能人才为目标,内容选自实际操作,既原汁原味地吸纳了德国经验,又结合我国实际情况充实了教学内容,旨在推动我国汽车维修技能型人才的培养与世界接轨。我期待这套教材能在我国培养国际标准汽车高技能人才方面发挥重要作用,在中国由汽车大国向汽车强国迈进的征程中做出应有的贡献。

唐天标

　　(本序作者系第十一届全国人大常委会委员、第十一届全国人大教科文卫委员会副主任委员,中国人民解放军总政治部原副主任,上将军衔)

前言

职业教育是国民教育体系和人力资源开发的重要组成部分,肩负着培养多样化人才、传承技术技能、促进就业创业的重要职责。随着新型工业化的推进和科学技术的发展,现代职业教育体系已成为国家竞争力的重要支撑。为贯彻落实全国职业教育大会精神,推动现代职业教育高质量发展,加快构建现代职业教育体系,建设技能型社会,弘扬工匠精神,培养更多高素质技术技能人才,满足我国汽车产业迅猛发展对高端技术技能型汽车人才的需求,编者在总结多年来将德国汽车类专业职业教育中国本土化经验的基础上,编写了这套全国职业院校汽车类专业工作手册式新形态教材。

本套教材将理论基础和实践应用有机结合,在引领学生学习汽车专业知识的同时培养学生的实际操作技能,具有以下特点:

(1)以企业一线任务为引导,将理论知识与实践技能完美结合。

(2)教学任务有序化设计,从简单到复杂,循序渐进,不断深化。

(3)采用四色印刷,版面简洁清晰、主题明确、色彩清新。

(4)配有丰富的数字化教学资源,学生可通过扫描每个任务专属的二维码进行浏览和自学。

本套教材的编写充分发挥了学生的主体地位,优化了课堂设计,便于调动学生的学习积极性和主动性,还可培养学生的创新意识和创新能力。

　　本套教材是职业院校汽车类专业核心课程教材，也可供从事汽车研究、设计、制造、使用和维修的工程技术人员学习和参考。

　　尽管我们在探索教材特色方面做出了许多努力，但教材中仍可能存在一些不足，恳请广大读者批评指正，并将意见和建议反馈给我们，以便修订时改进。

编　者

目录

汽车电器与电子系统检查与修理任务工单		
客户信息	姓名	电话
车辆信息	车型　　　　　VIN	行驶里程

客户描述

制动灯不亮 □	近光灯不亮 □	远光灯不亮 □	雾灯不亮 □
发动机加速无力 □	发动机无法启动 □	轮胎无气压 □	制动跑偏 □
制动液液位偏低 □	蓄电池亏电 □	蓄电池充不上电 □	发电机不发电 □
基本电路故障 □	变光开关损坏 □	玻璃升降器不工作 □	充电指示灯异常点亮 □

其他：

_____

_____

_____

车辆外观检查		车辆内部检查	
凹凸 □		污渍 □	
划痕 □		破损 □	
石击 □		色斑 □	
油漆 □		变形 □	

明确具体工作任务

_____

_____

_____

 ● 能够识别并绘制汽车基本电路

 ● 电路的定义及组成、电气元件的连接
● 电路图的定义及绘制方法
● 串联电路、并联电路和混联电路
● 电路图的简化画法

 ● 汽车电路图的识别

 ● 汽车电路简图的绘制

一、知识讲解

（一）电路的定义、组成及其各元器件的作用

电路是由各种元器件（或电工设备）按一定方式连接起来的总体，为电流的流通提供路径。电路的组成如图1-1所示。

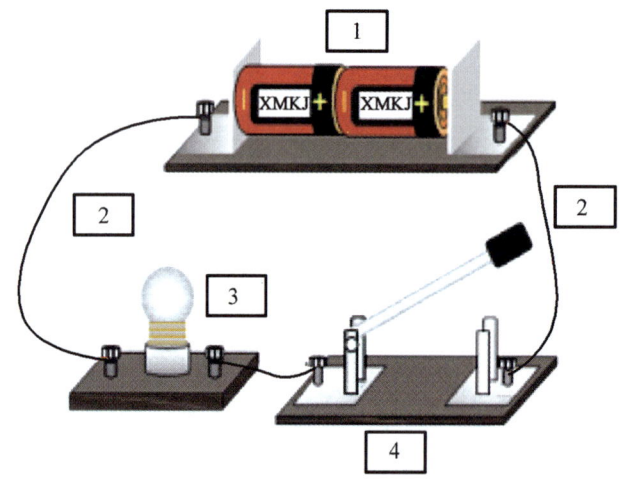

图 1-1　电路的组成

1—电源；2—导线；3—负载；4—开关

组成电路的各元器件的作用如下：

（1）电源：为用电器（负载）提供电能。

（2）导线：连接电路中其他元器件并使整个电路组成回路。

（3）负载：将电源的电能转换为光能、热能和动能等其他形式的能量并释放。

（4）开关：切断和接通电路回路。

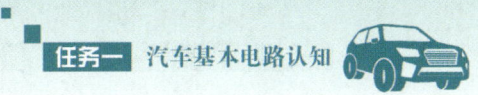

(二)电气元件的连接

在电路中,电气元件之间靠导线连接。为了实现电路的快速组建,且保证用电安全,所有电气元件都采用插接器或接线柱等方式连接在一起。导线的两端安装有快速接头,并采用绝缘体将接头在内部保护起来,防止连接好之后的金属部位裸露在表面。若需将两根导线连接在一起,应将导线连接好后缠裹绝缘胶布等绝缘材料或装入热缩管内。

(三)电路图的定义

电路图是用电路符号并按连接顺序排列,详细表示电路中各个设备或装置的基本组成和连接关系,而不考虑其实际位置的一种图形,如图 1-2 所示。

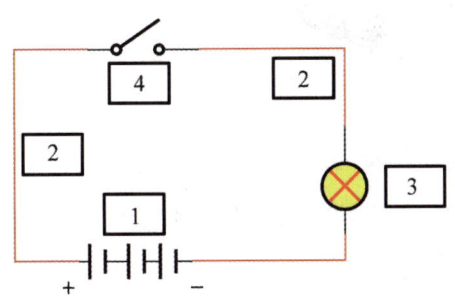

图 1-2 电路图

1—电源;2—导线;3—负载;4—开关

常用元器件的名称、实物图和电路符号见表 1-1。

表 1-1 常用元器件的名称、实物图和电路符号

名称	实物图	电路符号
电源		
导线		
开关		
电动机		

名称	实物图	电路符号
灯泡		
电阻		
可变电阻		

(四)电路图的绘制方法

首先应确定电路中的电气元件及类型,然后根据其连接关系使用横平竖直的线条,将代表这些电气元件的符号连接起来。

绘制电路图时,应遵循以下原则:

(1)完整、准确地反映电路的组成。

(2)使用统一规定的元器件符号。

(3)电路图应画得简洁、工整。通常用横平竖直的线条代表连接导线,转弯处一般取直角,整个电路呈长方形。

(4)元器件符号位置安排合理,分布均匀。不要将元器件画在电路图拐弯处。另外,绘制完成的电路图应清晰、美观。

(5)导线与元器件符号连接处不能断开。

(6)交叉相连的导线上要画实心圆点(主要体现在并联或混联电路中)。

(五)串联电路

串联电路就是将电路中所有的负载用导线首尾相连,串接在一起并与蓄电池组成回路的电路,如图1-3所示。串联电路的特点是电路中的用电器只要有一个损坏,电路就会断开。

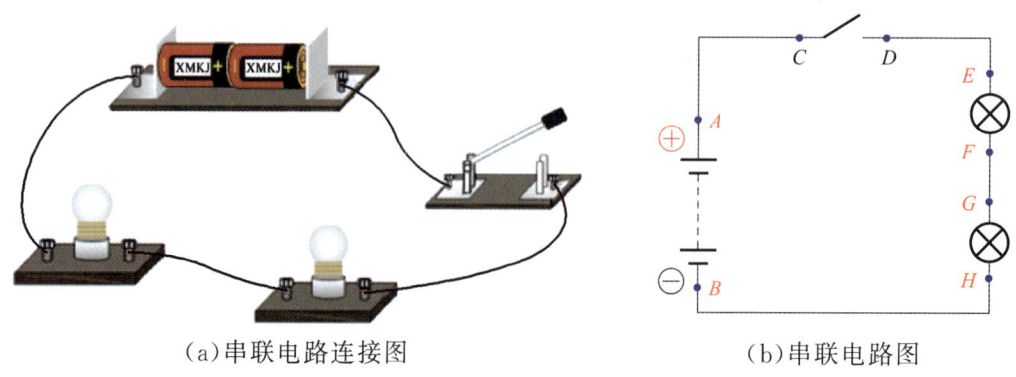

(a)串联电路连接图　　　　　　　　(b)串联电路图

图1-3　串联电路

(六)并联电路

并联电路是将电路中的所有用电器并列连接在一起之后再连接到电源正极和负极之间的线路中,如图 1-4 所示。在并联电路中,当其中一个负载损坏时,其他用电器仍能工作,因此,汽车及日常生活中大多数都采用这种形式的电路。

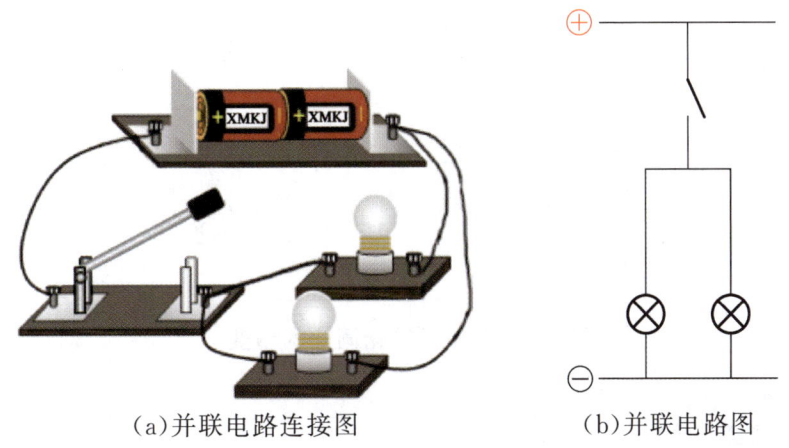

（a)并联电路连接图　　　　　（b)并联电路图

图 1-4　并联电路

为了方便对用电器进行单独控制,还可以在电路的每一个用电器所在的支路上安装一个开关,单独对此用电器进行控制,如图 1-5 所示。

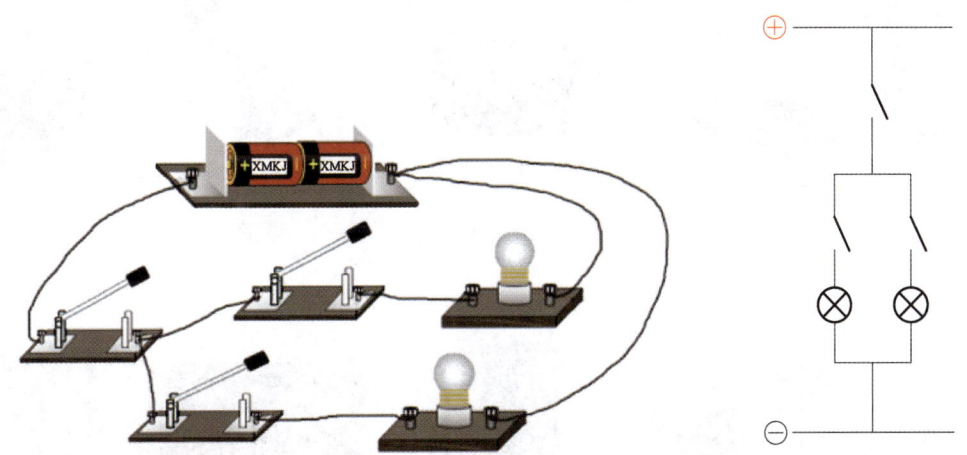

（a)带单独开关控制的并联电路连接图　　　　（b)带单独开关控制的并联电路图

图 1-5　带单独开关控制的并联电路

(七)混联电路

混联电路就是在电路连接中既有串联形式又有并联形式的电路。

(八)电路图的简化画法

当电路中涉及多种用电器时,为了方便理解用电器之间的关系,可采用更为简略的电路图画法。以串联电路为例,用电路图中最上面的一条直线代表电源正极,电路图中最下面的一条直线代表电源负极,将电路中除电源以外的所有用电器符号画在这两条直线中间,以便找出它们的连接关系,如图 1-6 所示。

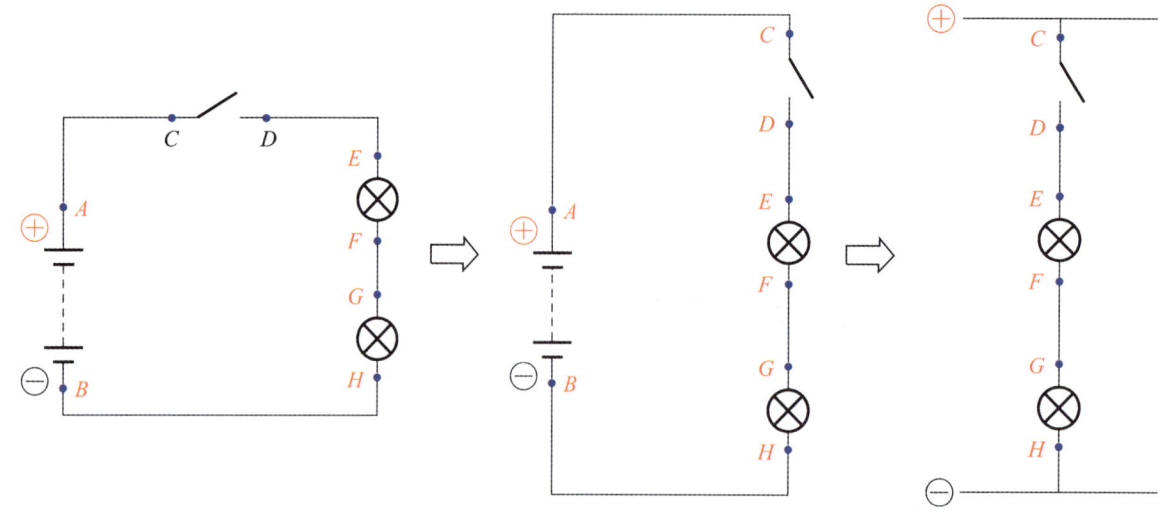

图 1-6 电路图简化画法的演变

二、任务准备

在下列图片中勾选出完成本任务所需的工具、设备等。

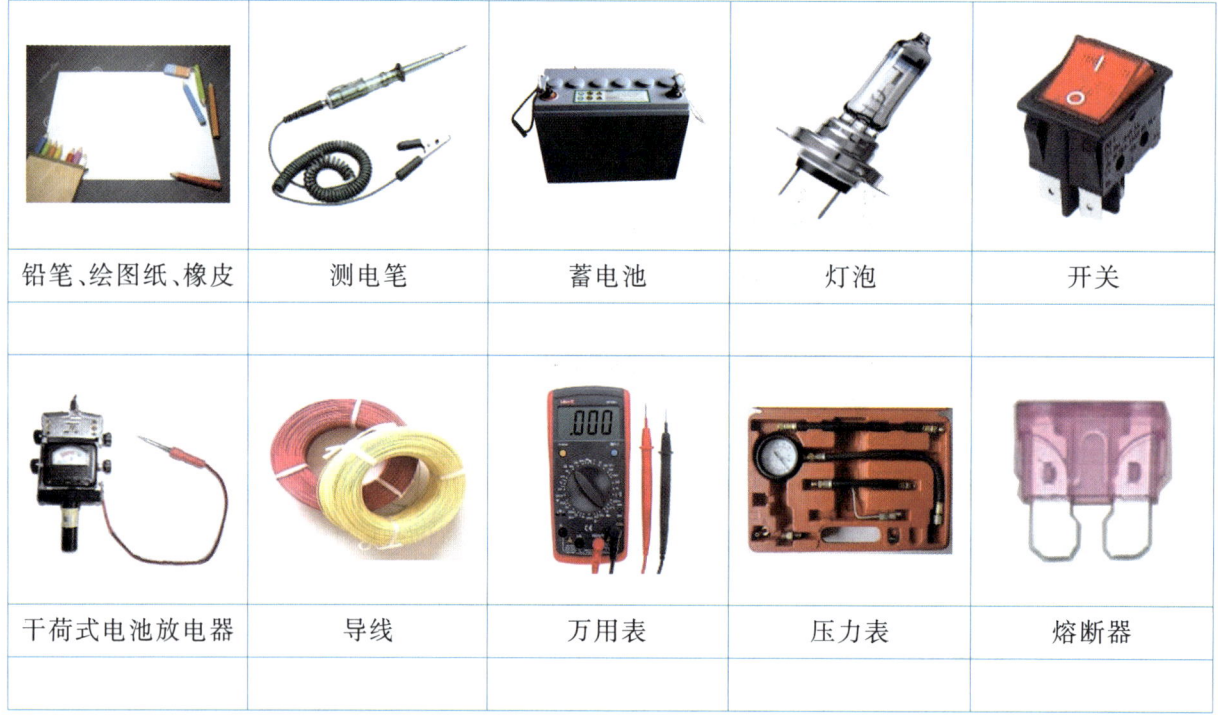

铅笔、绘图纸、橡皮	测电笔	蓄电池	灯泡	开关
干荷式电池放电器	导线	万用表	压力表	熔断器

三、防护措施

（一）个人安全防护

（1）维修操作人员必须穿工作服、工作鞋，戴工作帽、手套；工作服拉链及皮带扣应藏于衣服内侧，袖口、领口、裤脚扣紧；女生长发要盘起藏在工作帽内。

(2)维修操作人员在进入车间时不应戴手表、戒指、项链等金属饰品。

(3)维修操作人员在进行车辆维修时,应防止脚部被车轮轧伤,手部被车门夹伤或被热的发动机烫伤,以及被发动机传动带绞伤。

(4)在搬运重物及尖锐器物时应注意动作和姿势,防止扭伤腰部、砸伤脚部或划伤手部。

(二)车辆/台架等设备安全

(1)车辆进入车间内,应停放至指定地点,关闭发动机,将变速器置于空挡位置,并拉紧驻车制动器,台架应将滑轮锁死或用木块固定。

(2)维修操作前,应铺设三件套及翼子板布。发动机启动前应确保其他人员远离车辆。

(3)操作电气设备时应注意用电安全。作业结束后,应及时切断一切用电设备的电源。

(4)操作前应熟读维修手册中的操作标准和台架、仪器、设备的使用标准,并做好日常维护工作。

(三)车间场地安全防护

(1)车间应配有干粉灭火器及相应的消防设施,易燃油品应存放在密封的金属罐中。

(2)应时刻注意将车间内的所有工具、零部件、设备、车辆等摆放整齐,工作结束后摆放于指定地点保管。

(3)车间内设备或车辆周围的人行道及工作区域必须保证足够的安全空间。

(4)操作过程中应做到油品、工具、配件三不落地,作业完毕应及时清理车间工作场地,做到现场 6S 管理。

四、任务分配

任务分配见表 1-2。

表 1-2　　　　　　　　　　　　　　　任务分配

职务	代码	姓名	工作内容
组长	A		
组员	B		
	C		
	D		
	E		
	F		

五、任务实施

(一)操作步骤

(1)搭建基本电路并完成表1-3的填写。

表1-3　　　　　　　　　　　　　　　　操作步骤(1)

步骤	项目	顺序	工作内容
1	准备工作		准备刀开关、负载(小灯泡)、电源、熔断器、导线若干
2	搭建基本电路	1	将蓄电池正极用导线连接在开关K1中间的正极(红色)接线柱上
		2	
		3	
		4	
		5	按顺序将整个接线线路检查一遍,确认无误后闭合开关K1

(2)搭建串联电路并完成表1-4的填写。

表1-4　　　　　　　　　　　　　　　　操作步骤(2)

步骤	项目	顺序	工作内容
1	准备工作		准备刀开关、负载(小灯泡)、电源、熔断器、导线若干
2	搭建串联电路	1	
		2	将开关K1的闸刀放置在左侧位置,并将开关K1右侧的负极(黑色)接线柱用导线连接在熔断器的正极(红色)接线柱上
		3	
		4	
		5	
		6	按顺序将整个接线线路检查一遍,确认无误后闭合开关K1

(3)搭建并联电路并完成表1-5的填写。

表1-5　　　　　　　　　　　　　　　　操作步骤(3)

步骤	项目	顺序	工作内容
1	准备工作		准备刀开关、负载(小灯泡)、电源、熔断器、导线若干
2	搭建并联电路	1	
		2	
		3	使用两根导线将熔断器负极(黑色)接线柱分别连接在开关K2与K3的正极(红色)接线柱上
		4	
		5	
		6	
		7	
		8	按顺序将整个接线线路检查一遍,确认无误后,先闭合开关K1,再分别闭合开关K2和K3

（4）搭建混联电路并完成表 1-6 的填写。

表 1-6　　　　　　　　　　　　　　　　**操作步骤（4）**

步骤	项目	顺序	工作内容
1	准备工作		准备刀开关、负载（小灯泡）、电源、熔断器、导线若干
2	搭建混联电路	1	将蓄电池正极用导线连接在开关 K1 的正极（红色）接线柱上
		2	
		3	再使用一根导线将熔断器负极（黑色）接线柱连接在灯泡 L1 的正极（红色）接线柱上
		4	
		5	
		6	
		7	
		8	
		9	按顺序将整个接线线路检查一遍，确认无误后，先闭合开关 K1，再分别闭合开关 K2 和 K3

（5）绘制基本电路图并完成表 1-7 的填写。

表 1-7　　　　　　　　　　　　　　　　**操作步骤（5）**

步骤	项目	顺序	工作内容
1	准备工作		准备铅笔、尺子、绘图纸、橡皮
2	绘制基本电路图	1	
		2	
		3	
		4	
		5	

绘制完成的基本电路图如图 1-7 所示。

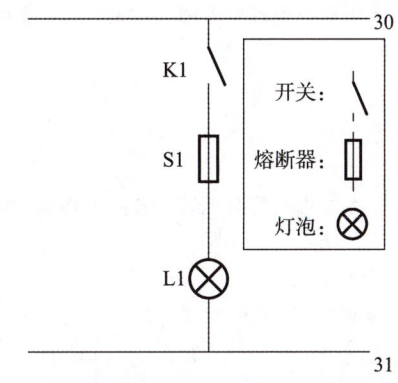

图 1-7　基本电路图

（6）绘制串联电路图并完成表1-8的填写。

表1-8　　　　　　　　　　　　　　　　操作步骤（6）

步骤	项目	顺序	工作内容
1	准备工作		准备铅笔、尺子、绘图纸、橡皮
2	绘制串联电路图	1	先在绘图纸上方画一条水平线代表电源正极
		2	
		3	
		4	
		5	
		6	在电路中的L2灯泡符号下方画一条短竖线,然后画一条与短竖线垂直的水平线代表蓄电池负极

绘制完成的串联电路图如图1-8所示。

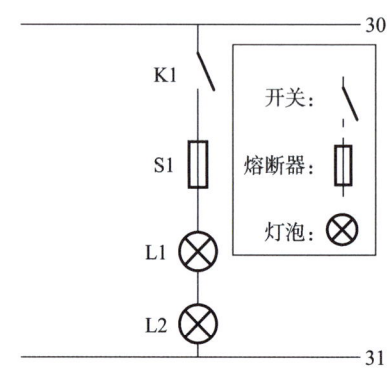

图1-8　串联电路图

（7）绘制并联电路图并完成表1-9的填写。

表1-9　　　　　　　　　　　　　　　　操作步骤（7）

步骤	项目	顺序	工作内容
1	准备工作		准备铅笔、尺子、绘图纸、橡皮
2	绘制并联电路图	1	先在绘图纸上方画一条水平线代表电源正极
		2	
		3	
		4	
		5	在短直线的两个端点各向下再画一条短竖线,并分别放置一个开关符号,标注为K2和K3
		6	
		7	
		8	
		9	在电路中的L3灯泡符号下方画一条短垂线,与代表蓄电池负极的水平线相交

绘制完成的并联电路图如图1-9所示。

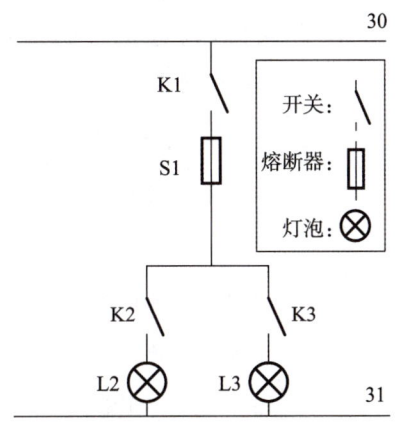

图 1-9　并联电路图

(8)绘制混联电路图并完成表1-10的填写。

表 1-10　　　　　　　　　　　　　操作步骤(8)

步骤	项目	顺序	工作内容
1	准备工作		准备铅笔、尺子、绘图纸、橡皮
2	绘制混联电路图	1	先在绘图纸上方画一条水平线代表电源正极
		2	
		3	
		4	
		5	在电路图中L1灯泡符号下方画一条短竖线,并在短竖线下面端点画一条向两边延伸的短横线
		6	在短横线的两个端点各向下再画一条短竖线,并分别放置一个开关符号,标注为 K2 和 K3
		7	
		8	
		9	
		10	

绘制完成的混联电路图如图1-10所示。

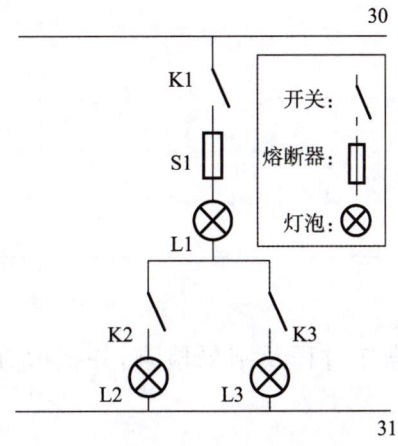

图 1-10　混联电路图

（二）实施记录

结合实施过程，对照表 1-11 的检查项目，勾选实际的检查结果。

表 1-11   **实施记录**

序号	项目	检查结果	备注
1	检查导线连接处接触是否良好	良好 ☐　接触不良 ☐	
2	基本电路连接完毕工作是否正常	正常 ☐　不正常 ☐	
3	串联电路连接完毕工作是否正常	正常 ☐　不正常 ☐	
4	并联电路连接完毕工作是否正常	正常 ☐　不正常 ☐	
5	混联电路连接完毕工作是否正常	正常 ☐　不正常 ☐	
6	检查电源符号绘制是否正确	正确 ☐　错误 ☐	
7	检查开关符号绘制是否正确	正确 ☐　错误 ☐	
8	检查灯泡符号绘制是否正确	正确 ☐　错误 ☐	
9	检查导线绘制是否规范（横平竖直）	规范 ☐　不规范 ☐	

六、检查

（一）自检

结合本组任务操作过程，对任务执行过程中的操作规范性进行检查，检查操作过程中是否存在以下问题，分析、讨论应如何避免并总结规范的操作方法（表 1-12）。

表 1-12   **自检**

检查项目	结果
搭建的基本电路工作是否正常	是 ☐　否 ☐
搭建的串联电路工作是否正常	是 ☐　否 ☐
搭建的并联电路工作是否正常	是 ☐　否 ☐
搭建的混联电路工作是否正常	是 ☐　否 ☐
基本电路图绘制是否正确	是 ☐　否 ☐
串联电路图绘制是否正确	是 ☐　否 ☐
并联电路图绘制是否正确	是 ☐　否 ☐
混联电路图绘制是否正确	是 ☐　否 ☐

（二）互检

组与组之间相互进行任务操作过程及结果检查，并把检查结果填写在表 1-13 中。

表 1-13 互检

检查项目	结果
搭建的基本电路工作是否正常	是 □　否 □
搭建的串联电路工作是否正常	是 □　否 □
搭建的并联电路工作是否正常	是 □　否 □
搭建的混联电路工作是否正常	是 □　否 □
基本电路图绘制是否正确	是 □　否 □
串联电路图绘制是否正确	是 □　否 □
并联电路图绘制是否正确	是 □　否 □
混联电路图绘制是否正确	是 □　否 □

七、课堂小结

微课动画

实操视频

汽车电器与电子系统检查与修理任务工单

客户信息	姓名		电话	
车辆信息	车型	VIN	行驶里程	

客户描述	制动灯不亮 □　近光灯不亮 □　远光灯不亮 □　雾灯不亮 □
	发动机加速无力 □　发动机无法启动 □　轮胎无气压 □　制动跑偏 □
	制动液液位偏低 □　蓄电池亏电 □　蓄电池充不上电 □　发电机不发电 □
	基本电路故障 □　变光开关损坏 □　玻璃升降器不工作 □　充电指示灯异常点亮 □
	其他：

	车辆外观检查		车辆内部检查
凹凸 □		污渍 □	
划痕 □		破损 □	
石击 □		色斑 □	
油漆 □		变形 □	

明确具体 工作任务	

 ● 能够正确使用检测仪器检测电路中的电压、电流和电阻

● 电压、电流和电阻的定义
● 电路中电压、电流和电阻的关系
● 万用表的作用与分类、数字式万用表挡位说明
● 电压、电流和电阻的测量方法

 ● 电压、电流和电阻的测量方法

● 万用表的使用方法

一、知识讲解

(一)电压、电流和电阻的定义

电路中包括三个主要参数——电压、电流和电阻,称为电学三要素。

(1)电压:形成电流的原因,用字母"U"表示,它的单位是伏特,简称伏,用字母"V"表示。

(2)电流:表示电荷流量大小的物理量,用字母"I"表示,它的单位是安培,简称安,用字母"A"表示。

(3)电阻:导体本身的一种性质,是表示导体对电流阻碍作用大小的物理量。用字母"R"表示,它的单位是欧姆,简称欧,用符号"Ω"表示。

(二)电路中电压、电流和电阻的关系

电路中电压、电流和电阻之间的关系称为欧姆定律。它的定义为:在一个闭合电路中,流过导体的电流与导体两端的电压成正比,与导体的电阻成反比。

欧姆定律公式为

$$I = \frac{U}{R}$$

下面用一个形象的例子对欧姆定律进行说明,如图 2-1 所示。电池就好比两个蓄水池 A 和 B,由于存在一定高度差,所以 A 与 B 之间形成水压,这就好比电路中电池的电压一样。连接 A 与 B 的水管好比是导线,下方的涡轮好比是负载。流过水管和涡轮的水流大小就像是电路中的电流。阀门则相当于电路中的开关。

从图 2-1 中不难看出,当涡轮大小不变(负载不变)时,蓄水池 A 和 B 的高度差越大,则在 1 s 内流过水管和涡轮的水流量就越大。这就像电路中负载不变,电压越大,电流就越大一样。

当蓄水池 A 和 B 的高度差不变(电压不变)时,涡轮越大,水流速度就越慢。这就像电路中电压不变,电阻越大,电流就越小一样。

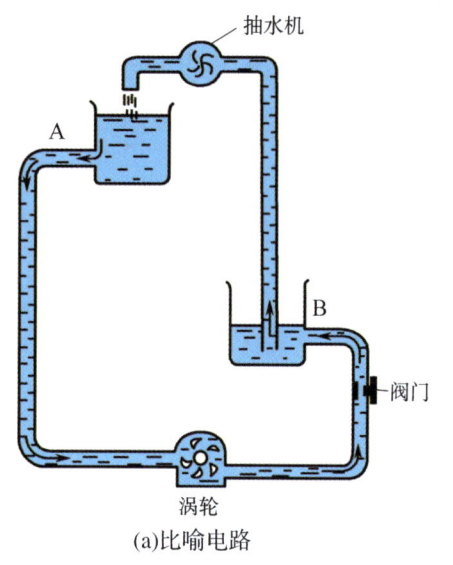

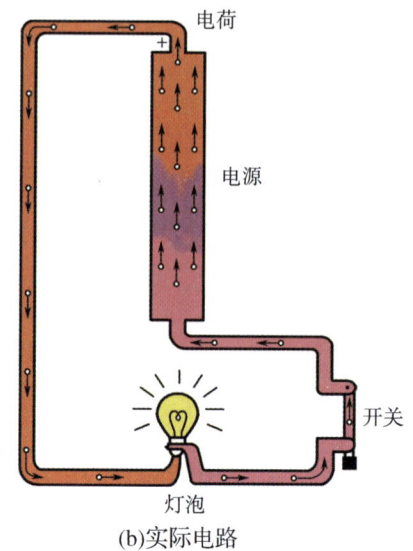

(a)比喻电路   (b)实际电路

图 2-1   电压、电流和电阻的关系

除此之外,水管的大小和粗细也对水流的大小有影响。越细长的水管,水流速度就越慢。在电路中也是这个道理,导线的粗细会限制流过负载的电流大小。

(三)万用表的作用与分类

万用表是日常修理过程中最常用到的一种测量工具,它能够测量电路中的电流、电压及用电器的电阻,方便人们通过测量数据来判断故障原因和故障点。

万用表分为两种:一种是指针式万用表,其特点是能够直观地反映出所测数值的大小并进行对比,但其测量结果不够精确;另一种是数字式万用表,它的测量结果比指针式万用表更精确和直观,广泛应用于电器与电子维修行业。

(四)数字式万用表挡位说明

数字式万用表虽然种类繁多,但其使用方法和功能大同小异,现以其中一款万用表为例,说明万用表的挡位与功能,见表 2-1。

表 2-1   数字式万用表的挡位与功能

挡位符号	挡位名称	说明
OFF	关闭挡	不使用万用表时,将万用表旋钮旋至此位置
V—	直流电压挡	用于测量直流电的电压。测量时,为保证测量精度,应根据被测电压选择相应的量程,如测量汽车电压10~14.7 V时,应选择 20 V
V~	交流电压挡	用于测量交流电的电压。电压量程选择与直流电压量程相同
Ω	欧姆挡	用于测量电路负载和导线的电阻。测量时也需根据被测元件电阻值大小选用合适的量程
·)))	二极管挡	用于测量二极管是否正常。若二极管被击穿,则万用表会发出蜂鸣声。维修过程中,也可使用二极管挡检查导线的通断,但不可代替欧姆挡使用。确定导线故障时,还需使用欧姆挡
A—	直流电流挡	用于测量直流电路中的电流大小。测量时也应根据被测电流大小选择合适的量程。当不知道被测电流大小时,应先从最大量程开始测量,防止万用表损坏。当选择 10 A 电流挡时,应将红色表笔插在"10 A"孔位置;当选择其他电流挡位时,应将红色表笔插在"VΩmA"孔位置

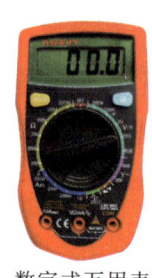

数字式万用表

(五)电压、电流和电阻的测量方法

数字式万用表可以测量的参数类型很多,但在汽车维修及日常生活中应用较多的是测量电压、电阻和电流,因此,本任务只针对万用表在这三个参数上的测量方法进行初步认识和学习。

1.电压测量

首先,将万用表红色表笔插入"VΩ"孔,黑色表笔插入"COM"孔,将万用表选择旋钮旋转至"V—"挡位,并根据被测电压的大小选择合适的量程,如图 2-2 所示。

图 2-2　测量电压

2.电阻测量

进行电阻测量时,万用表表笔所放插孔位置与测量电压时相同,将万用表选择旋钮旋转至"Ω"挡位,并预估被测电阻的大小,选择合适量程对电阻进行测量。测量时将万用表两表笔分别连接在被测元器件的两端,检测其阻值大小,如图 2-3 所示。注意,不能在电路中对元器件的电阻进行检测,检测时必须将其从电路中分离。

量程的选择和转换:如果量程选小了,显示屏上会显示"1",此时应换用较大的量程;反之,如果量程选大了,显示屏上会显示一个接近于"0"的数,此时应换用较小的量程。显示屏上显示的数字结合上挡位选择的单位就是它的测量值。

图 2-3　测量电阻

3.电流测量

进行电流测量时,首先应根据欧姆定律预估出被测电路中的电流,然后将万用表选择旋钮旋至"A-"挡位,将万用表黑色表笔插入"COM"孔,红色表笔插入"20 A"或"mA"孔,并将万用表两表笔串联在被测线路中进行测量,如图 2-4 所示。

图 2-4　测量电流

二、任务准备

在下列图片中勾选出完成本任务所需的工具、设备等。

电阻	测电笔	蓄电池	灯泡	开关
数字电子温度计	红外测温仪	导线	万用表	熔断器

三、防护措施

（一）个人安全防护

（1）维修操作人员必须穿工作服、工作鞋，戴工作帽、手套；工作服拉链及皮带扣应藏于衣服内侧，袖口、领口、裤脚扣紧；女生长发要盘起藏在工作帽内。

（2）维修操作人员在进入车间时不应戴手表、戒指、项链等金属饰品。

（3）维修操作人员在进行车辆维修时，应防止脚部被车轮轧伤，手部被车门夹伤或被热的发动机烫伤，以及被发动机传动带绞伤。

（4）在搬运重物及尖锐器物时应注意动作和姿势，防止扭伤腰部、砸伤脚部或划伤手部。

（二）车辆/台架等设备安全

（1）车辆进入车间内，应停放至指定地点，关闭发动机，将变速器置于空挡位置，并拉紧驻车制动器，台架应将滑轮锁死或用木块固定。

（2）维修操作前，应铺设三件套及翼子板布。发动机启动前应确保其他人员远离车辆。

（3）操作电气设备时应注意用电安全。作业结束后，应及时切断一切用电设备的电源。

（4）操作前应熟读维修手册中的操作标准和台架、仪器、设备的使用标准，并做好日常维护工作。

（三）车间场地安全防护

（1）车间应配有干粉灭火器及相应的消防设施，易燃油品应存放在密封的金属罐中。

（2）应时刻注意将车间内的所有工具、零部件、设备、车辆等摆放整齐，工作结束后摆放于指定地点保管。

（3）车间内设备或车辆周围的人行道及工作区域必须保证足够的安全空间。

（4）操作过程中应做到油品、工具、配件三不落地，作业完毕应及时清理车间工作场地，做到现场 6S 管理。

四、任务分配

任务分配见表 2-2。

表 2-2　　　　　　　　　　　　　　　任务分配

职务	代码	姓名	工作内容
组长	A		
组员	B		
	C		
	D		
	E		
	F		

五、任务实施

（一）操作步骤

（1）搭建基本电路并完成表 2-3 的填写。

表 2-3　　　　　　　　　　操作步骤（1）

步骤	项目	顺序	工作内容
1	准备工作		准备刀开关、负载（小灯泡）、电源、熔断器、导线若干
2	搭建基本电路	1	将蓄电池正极用导线连接在开关 K1 中间的正极（红色）接线柱上
		2	
		3	
		4	
		5	按顺序将整个接线线路检查一遍，确认无误后闭合开关 K1

（2）测量基本电路并完成表 2-4 的填写。

表 2-4　　　　　　　　　　操作步骤（2）

步骤	项目		顺序	工作内容
1	准备工作			准备万用表
2	测量基本电路	灯泡 L1 电压、电阻	1	将万用表调整到直流电压挡，将红色表笔搭在灯泡 L1 正极接线柱上，将黑色表笔搭在灯泡 L1 负极接线柱上，接通开关 K1，测量灯泡 L1 两端电压并记录，然后断开开关 K1
			2	
		电路电流	1	
			2	

（3）分解基本电路元器件。

断开开关 K1，依次拆卸元器件之间的连接线束。

（4）搭建串联电路并完成表 2-5 的填写。

表 2-5　　　　　　　　　　操作步骤（3）

步骤	项目	顺序	工作内容
1	准备工作		准备刀开关、负载（小灯泡）、电源、熔断器、导线若干
2	搭建串联电路	1	将蓄电池正极用导线连接在开关 K1 中间的正极（红色）接线柱上
		2	
		3	
		4	
		5	
		6	按顺序将整个接线线路检查一遍，确认无误后闭合开关 K1

（5）测量串联电路并完成表 2-6 的填写。

表 2-6 操作步骤（4）

步骤	项目		顺序	工作内容
1	准备工作			准备万用表
2	测量串联电路	灯泡 L1 电压、电阻	1	将万用表调整到直流电压挡，将红色表笔搭在灯泡 L1 正极接线柱上，将黑色表笔搭在灯泡 L1 负极接线柱上，接通开关 K1，测量灯泡 L1 两端电压并记录，然后断开开关 K1
			2	
		灯泡 L2 电压、电阻	1	
			2	
		电路电流	1	
			2	断开灯泡 L2 负极线，将万用表调整到直流电流挡，将万用表红色表笔与黑色表笔沿电流走向串联在灯泡 L2 下端的电路中，接通开关 K1，读取电路中电流并记录，然后断开开关 K1

（6）分解串联电路元器件。

断开开关 K1，依次拆卸元器件之间的连接线束。

（7）搭建并联电路并完成表 2-7 的填写。

表 2-7 操作步骤（5）

步骤	项目	顺序	工作内容
1	准备工作		准备刀开关、负载（小灯泡）、电源、熔断器、导线若干
2	搭建并联电路	1	将蓄电池正极用导线连接在开关 K1 中间的正极（红色）接线柱上
		2	
		3	
		4	
		5	
		6	使用导线连接灯泡 L1 的负极（黑色）接线柱与灯泡 L2 的负极（黑色）接线柱
		7	使用导线连接灯泡 L2 的负极（黑色）接线柱与蓄电池负极
		8	

（8）测量并联电路并完成表 2-8 的填写。

表 2-8   **操作步骤（6）**

步骤	项目		顺序	工作内容
1	准备工作			准备万用表
2	测量并联电路	灯泡 L1 电压、电阻	1	将万用表调整到直流电压挡，将红色表笔搭在灯泡 L1 正极接线柱上，将黑色表笔搭在灯泡 L1 负极接线柱上，接通开关 K1，测量灯泡 L1 两端电压并记录，然后断开开关 K1
			2	
		灯泡 L2 电压、电阻	1	
			2	断开所有开关，将万用表调整到 200 Ω 挡，将红色表笔搭在灯泡 L2 正极接线柱上，将黑色表笔搭在灯泡 L2 负极接线柱上，测量灯泡 L2 两端电阻并记录
		电路电流	1	断开灯泡 L1 负极线，将万用表调整到直流电流挡，将万用表红色表笔与黑色表笔沿电流走向串联在灯泡 L1 下端的电路中，接通开关 K1，读取电路中电流并记录，然后断开开关 K1
			2	
			3	

（9）分解并联电路元器件。

断开开关 K1，依次拆卸元器件之间的连接线束。

（10）搭建混联电路并完成表 2-9 的填写。

表 2-9   **操作步骤（7）**

步骤	项目	顺序	工作内容
1	准备工作		准备刀开关、负载（小灯泡）、电源、熔断器、导线若干
2	搭建混联电路	1	将蓄电池正极用导线连接在开关 K1 中间的正极（红色）接线柱上
		2	
		3	再使用一根导线将熔断器负极（黑色）接线柱连接在灯泡 L1 的正极（红色）接线柱上
		4	
		5	
		6	
		7	
		8	使用导线连接灯泡 L3 负极（黑色）接线柱与蓄电池负极
		9	

（11）测量混联电路并完成表 2-10 的填写。

表 2-10 操作步骤(8)

步骤	项目		顺序	工作内容
1	准备工作			准备万用表
2	测量混联电路	灯泡 L1 电压、电阻、电流	1	将万用表调整到直流电压挡,将红色表笔搭在灯泡 L1 正极接线柱上,将黑色表笔搭在灯泡 L1 负极接线柱上,接通开关 K1,测量灯泡 L1 两端电压并记录,然后断开开关 K1
			2	
			3	
		灯泡 L2 电压、电阻、电流	1	将万用表调整到直流电压挡,将红色表笔搭在灯泡 L2 正极接线柱上,将黑色表笔搭在灯泡 L2 负极接线柱上,接通开关 K1,测量灯泡 L2 两端电压并记录,然后断开开关 K1
			2	
			3	断开灯泡 L2 负极线,将万用表调整到直流电流挡,将万用表红色表笔与黑色表笔沿电流走向串联在灯泡 L2 下端的电路中,接通开关 K1,读取电路中电流并记录,然后断开开关 K1
		电路电流	1	
			2	
			3	断开灯泡 L3 负极线,将万用表调整到直流电流挡,将万用表红色表笔与黑色表笔沿电流走向串联在灯泡 L3 下端的电路中,接通开关 K1,读取电路中电流并记录,然后断开开关 K1

（12）分解混联电路元器件。

断开开关 K1,依次拆卸元器件之间的连接线束。

（二）实施记录

结合实施过程,对照表 2-11 的检查项目,填写实际的检查结果。

表 2-11 实施记录

序号	测量电路类型	项目	检查结果	备注
1	基本电路	灯泡 L1 电压	电压值_____ V	
		灯泡 L1 电阻	电阻值_____ Ω	
		电路电流	电流值_____ A	
2	串联电路	灯泡 L1 电压	电压值_____ V	
		灯泡 L1 电阻	电阻值_____ Ω	
		灯泡 L2 电压	电压值_____ V	
		灯泡 L2 电阻	电阻值_____ Ω	
		电路电流	电流值_____ A	

续表

序号	测量电路类型	项目	检查结果		备注
3	并联电路	灯泡 L1 电压	电压值_____	V	
		灯泡 L1 电阻	电阻值_____	Ω	
		灯泡 L2 电压	电压值_____	V	
		灯泡 L2 电阻	电阻值_____	Ω	
		灯泡 L1 支路电流	电流值_____	A	
		灯泡 L2 支路电流	电流值_____	A	
		开关 K1 支路电流	电流值_____	A	
4	混联电路	灯泡 L1 电压	电压值_____	V	
		灯泡 L1 电阻	电阻值_____	Ω	
		灯泡 L1 电流	电流值_____	A	
		灯泡 L2 电压	电压值_____	V	
		灯泡 L2 电阻	电阻值_____	Ω	
		灯泡 L2 电流	电流值_____	A	
		灯泡 L3 电压	电压值_____	V	
		灯泡 L3 电阻	电阻值_____	Ω	
		灯泡 L3 电流	电流值_____	A	

六、检查

（一）自检

结合本组任务操作过程，对任务执行过程中的操作规范性进行检查，检查操作过程中是否存在以下问题，分析、讨论应如何避免并总结规范的操作方法（表 2-12）。

表 2-12　　　　　　　　　　　　　自检

检查项目	结果
电压测量方法是否正确	是□　否□
电阻测量方法是否正确	是□　否□
电流测量方法是否正确	是□　否□

（二）互检

组与组之间相互进行任务操作过程及结果检查，并把检查结果填写在表 2-13 中。

表 2-13 互检

检查项目	结果
电压测量方法是否正确	是☐　否☐
电阻测量方法是否正确	是☐　否☐
电流测量方法是否正确	是☐　否☐

七、课堂小结

微课动画

实操视频

汽车电器与电子系统检查与修理任务工单						
客户信息	姓名			电话		
车辆信息	车型		VIN		行驶里程	
客户描述	制动灯不亮 □　近光灯不亮 □　远光灯不亮 □　雾灯不亮 □ 发动机加速无力 □　发动机无法启动 □　轮胎无气压 □　制动跑偏 □ 制动液液位偏低 □　蓄电池亏电 □　蓄电池充不上电 □　发电机不发电 □ 基本电路故障 □　变光开关损坏 □　玻璃升降器不工作 □　充电指示灯异常点亮 □ 其他：_____ _____ _____					

	车辆外观检查			车辆内部检查	
凹凸 □		污渍 □			
划痕 □		破损 □			
石击 □		色斑 □			
油漆 □		变形 □			

明确具体工作任务	_____ _____ _____

· 能够检查、判断电路中出现的故障

· 电路故障的主要形式、短路或断路对电路的影响
· 电气元件损坏对电路的影响
· 避免电气元件损坏的方法
· 电路故障的检查方法

· 电路故障判断

· 电路故障验证

一、知识讲解

(一)电路故障的主要形式

电路故障的主要形式有三种:线路短路、线路断路和电气元件损坏。

(1)线路短路:在电路中不经过电气元件直接与其他线路或电源负极相连。

(2)线路断路:指电路开关没有闭合,导线没有连接好,用电器烧坏或没安装好等情况,即整个电路在某处断开。

(3)电气元件损坏:电路中的电气元件不能正常工作所导致的故障,例如,开关不能正常控制电路闭合和断开,灯泡不能点亮或者电动机不能正常运转等。

(二)短路或断路对电路的影响

当电路中出现短路故障时,若是开关短路,则可能导致用电器始终处于工作状态;若是用电器短路,则会导致流过用电器的电流直接通过短路导线,从而使用电器中没有电流经过,不能工作,严重情况下会导致电路中的电流直接从电源正极流向电源负极,烧毁导线甚至使电源爆炸。

当电路中任何一处存在断路故障时,都会使电路处于开路状态,导致电路中的用电器无法正常工作。

(三)电气元件损坏对电路的影响

电气元件损坏会使电路发生短路或断路,具体影响见"(二)短路或断路对电路的影响"。

(四)避免电气元件损坏的方法

为了避免因电流过大而产生发热现象,流经电流越大的用电器所需的导线直径就越大,这样才能减少因电流过大而产生的发热现象。同时,为防止电路中因电流过大而导致导线发热,甚至发生火灾的情况,电路中应串联相应的熔断器,一旦电路中的电流超过熔断器的额定电流,熔断器便会熔断,防止导线因电流过大而起火。

(五)电路故障的检查方法

在电路中,一般导线在没有受到机械损伤(如挤压、折断)的情况下不会出现断路故障。因此,较易出现故障的位置一般发生在线路的连接点或用电器上。

当电路中出现断路故障时,应断开电路开关,并断开蓄电池负极连接线,使用万用表欧姆挡分别测量各电气元件和导线的电阻值。当检测到某个电气元件或某段导线的电阻值为无穷大时,则说明该用电器或导线出现断路故障,应维修或更换。

当电路中出现短路故障时,应断开电源负极,并断开开关,分别检测各电气元件的电阻值。若电阻值为零或小于该电气元件规定的电阻值,则说明该电气元件出现短路故障。同时,应断开所用电气元件插接器,使用万用表最大欧姆挡测量线束中各导线是否存在短路现象。

二、任务准备

在下列图片中勾选出完成本任务所需的工具、设备等。

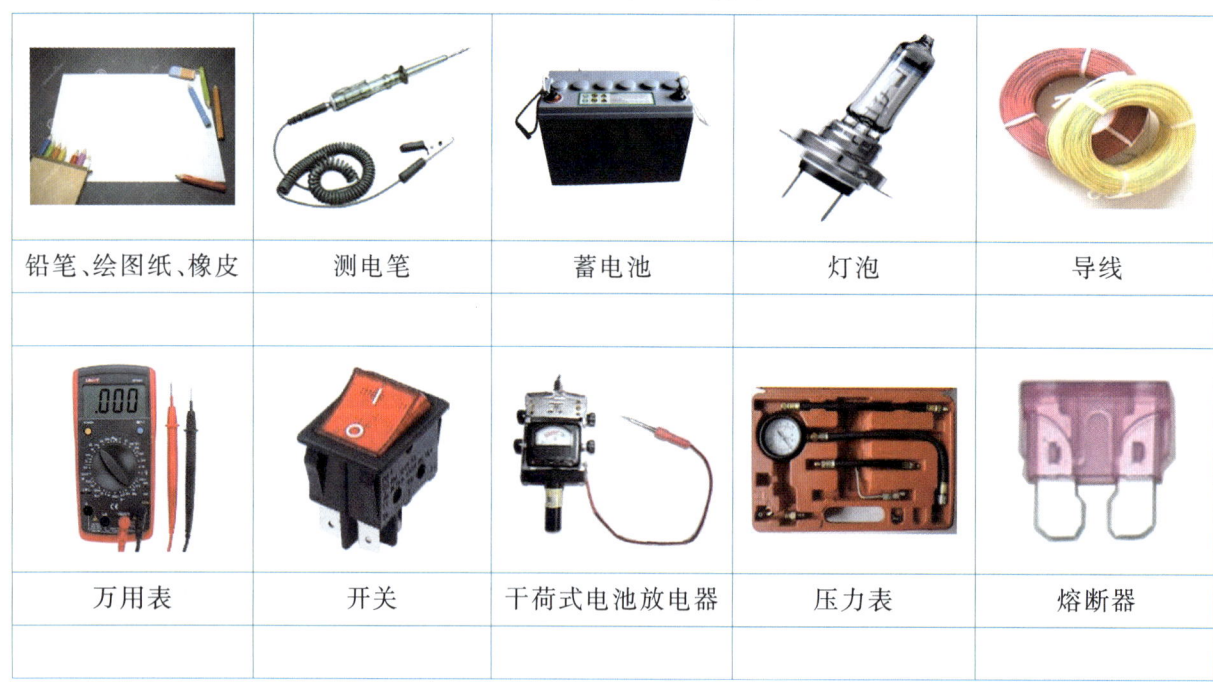

铅笔、绘图纸、橡皮	测电笔	蓄电池	灯泡	导线
万用表	开关	干荷式电池放电器	压力表	熔断器

三、防护措施

(一)个人安全防护

(1)维修操作人员必须穿工作服、工作鞋,戴工作帽、手套;工作服拉链及皮带扣应藏于衣服内侧,袖口、领口、裤脚扣紧;女生长发要盘起藏在工作帽内。

（2）维修操作人员在进入车间时不应戴手表、戒指、项链等金属饰品。

（3）维修操作人员在进行车辆维修时，应防止脚部被车轮轧伤，手部被车门夹伤或被热的发动机烫伤，以及被发动机传动带绞伤。

（4）在搬运重物及尖锐器物时应注意动作和姿势，防止扭伤腰部、砸伤脚部或划伤手部。

（二）车辆/台架等设备安全

（1）车辆进入车间内，应停放至指定地点，关闭发动机，将变速器置于空挡位置，并拉紧驻车制动器，台架应将滑轮锁死或用木块固定。

（2）维修操作前，应铺设三件套及翼子板布。发动机启动前应确保其他人员远离车辆。

（3）操作电气设备时应注意用电安全。作业结束后，应及时切断一切用电设备的电源。

（4）操作前应熟读维修手册中的操作标准和台架、仪器、设备的使用标准，并做好日常维护工作。

（三）车间场地安全防护

（1）车间应配有干粉灭火器及相应的消防设施，易燃油品应存放在密封的金属罐中。

（2）应时刻注意将车间内的所有工具、零部件、设备、车辆等摆放整齐，工作结束后摆放于指定地点保管。

（3）车间内设备或车辆周围的人行道及工作区域必须保证足够的安全空间。

（4）操作过程中应做到油品、工具、配件三不落地，作业完毕应及时清理车间工作场地，做到现场 6S 管理。

四、任务分配

任务分配见表 3-1。

表 3-1   任务分配

职务	代码	姓名	工作内容
组长	A		
组员	B		
	C		
	D		
	E		
	F		

五、任务实施

（一）操作步骤

（1）检测基本电路故障并完成表 3-2 的填写。

表 3-2 操作步骤（1）

步骤	项目	顺序	工作内容
1	L1 本身损坏	1	接通开关 K1，检查故障现象。如发现灯泡 L1 不亮，首先检查灯泡 L1 本身，测量其电阻是否正常
		2	
		3	
2	线路断路（任意位置）	1	若测量灯泡 L1 电阻正常（汽车灯泡电阻值一般为 0.3 Ω 左右），则检查线路。用万用表蜂鸣挡测量电源正极接线柱至开关正极接线柱之间的电阻，如电阻值为 ∞，说明此处线路断路，检查并连接线路
		2	
		3	
		4	
		5	用万用表蜂鸣挡测量熔断器两端接线柱之间的电阻，如电阻值为 ∞，说明熔丝断路，检查并更换熔丝

（2）检测串联电路故障并完成表 3-3 的填写。

表 3-3 操作步骤（2）

步骤	项目	顺序	工作内容
1	L1 短路、本身损坏；L2 短路、本身损坏	1	接通开关 K1，检查故障现象。如发现灯泡 L1 不亮，首先检查灯泡 L1 本身，检查其电阻是否正常
		2	
		3	
		4	
2	线路故障（任意位置）	1	若测量灯泡 L1 电阻值正常，则检查线路。用万用表蜂鸣挡测量电源正极接线柱至开关正极接线柱之间的电阻，如电阻值为 ∞，说明此处线路断路，检查并连接线路
		2	
		3	
		4	
		5	
		6	用万用表蜂鸣挡测量熔断器两端接线柱之间的电阻，如电阻值为 ∞，说明熔丝断路，检查并更换熔丝

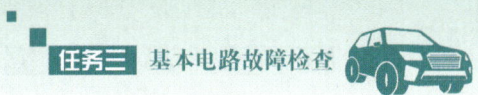

（3）检测并联电路故障并完成表 3-4 的填写。

表 3-4　　　　　　　　　　　　　　操作步骤（3）

步骤	项目	顺序	工作内容
1	L1 或 L2 不亮	1	接通开关 K1、K2、K3，检查故障现象。如发现仅灯泡 L1 不亮，首先检查灯泡 L1 本身，测量其电阻是否正常
		2	
		3	
		4	
		5	用万用表蜂鸣挡测量灯泡 L1 负极接线柱至电源负极接线柱之间的电阻，如电阻值为∞，说明此处线路断路，检查并连接线路。如仅 L2 不亮，检查方法同上
2	线路断路故障	1	若检查灯泡 L1、L2 电阻均正常，则应检查所有线路连接情况。用万用表蜂鸣挡测量电源正极接线柱至开关正极接线柱之间的电阻，如电阻值为∞，说明此处线路断路，检查并连接线路
		2	
		3	
		4	用万用表蜂鸣挡测量灯泡 L1 负极接线柱至电源负极接线柱之间的电阻，如电阻值为∞，说明此处线路断路，检查并连接线路
		5	
		6	
		7	用万用表蜂鸣挡测量熔断器两端接线柱之间的电阻，如电阻值为∞，说明熔丝断路，检查并更换熔丝
3	线路短路故障	1	接通开关 K1、K2、K3，检查故障现象。如发现仅灯泡 L1 亮，接通开关 K3 后，灯泡 L1 与灯泡 L2 都不亮，首先检查灯泡 L2 的电阻
		2	
		3	
		4	
		5	由于灯泡 L2 正极接线柱对负极接线柱短路，导致熔丝损坏

（4）检测混联电路故障并完成表 3-5 的填写。

表 3-5　　　　　　　　　　　　　　操作步骤（4）

步骤	项目	顺序	工作内容
1	L1 不亮	1	接通开关 K1、K2、K3，检查故障现象。如发现仅灯泡 L1 不亮，首先检查灯泡 L1 本身，测量其电阻是否正常
		2	
		3	
		4	断开所有开关，测量灯泡 L1 两端电阻，如电阻值为 0，说明灯泡 L1 线路短路，检查并更换线路

续表

步骤	项目	顺序	工作内容
2	L2 或 L3 不亮	1	
		2	
		3	
		4	
		5	用万用表蜂鸣挡测量灯泡 L2 负极接线柱至电源负极接线柱之间的电阻,如电阻值为∞,说明此处线路断路,检查并连接线路。如仅 L3 不亮,检查方法同上
		6	接通开关 K1、K2、K3,检查故障现象。如发现仅灯泡 L1 亮,首先检查灯泡 L2 与 L3 两端电阻,测量其电阻值是否为 0
		7	
		8	
		9	
3	L1、L2、L3 都不亮	1	若测量发现三个灯泡电阻均正常,则检查线路。用万用表蜂鸣挡测量电源正极接线柱至开关 K1 正极接线柱之间的电阻,如电阻值为∞,说明此处线路断路,检查并连接线路
		2	
		3	
		4	
		5	
		6	
		7	用万用表蜂鸣挡测量灯泡 L3 负极接线柱至电源负极接线柱之间的电阻,如电阻值为∞,说明此处线路断路,检查并连接线路

(二)实施记录

结合实施过程,对照表 3-6 的检查项目,填写实际的检查结果。

表 3-6　　　　　　　　　　　　　实施记录

序号	测量电路类型	项目	检查结果	备注
1	基本电路	测量灯泡 L1 的电阻	电阻值_____ Ω	正常电阻值_____ Ω
		用万用表蜂鸣挡测量开关负极接线柱至熔断器正极接线柱之间的电阻	电阻值_____ Ω	
		用万用表蜂鸣挡测量熔断器负极接线柱至灯泡正极接线柱之间的电阻	电阻值_____ Ω	
		用万用表蜂鸣挡测量灯泡负极接线柱至电源负极接线柱之间的电阻	电阻值_____ Ω	
		用万用表蜂鸣挡测量熔断器两端接线柱之间的电阻	电阻值_____ Ω	

续表

序号	测量电路类型	项目	检查结果	备注
2	串联电路	测量灯泡 L1 的电阻	电阻值_____Ω	正常电阻值_____Ω
		用万用表蜂鸣挡测量电源正极接线柱至开关正极接线柱之间的电阻	电阻值_____Ω	
		用万用表蜂鸣挡测量开关负极接线柱至熔断器正极接线柱之间的电阻	电阻值_____Ω	
		用万用表蜂鸣挡测量熔断器负极接线柱至灯泡 L1 正极接线柱之间的电阻	电阻值_____Ω	
		用万用表蜂鸣挡测量灯泡 L1 负极接线柱至灯泡 L2 正极接线柱之间的电阻	电阻值_____Ω	
		用万用表蜂鸣挡测量灯泡 L2 负极接线柱至电源负极接线柱之间的电阻	电阻值_____Ω	
		用万用表蜂鸣挡测量熔断器两端接线柱之间的电阻	电阻值_____Ω	
3	并联电路	测量灯泡 L1 的电阻	电阻值_____Ω	正常电阻值_____Ω
		用万用表蜂鸣挡测量熔断器负极接线柱至灯泡 L1 正极接线柱之间的电阻	电阻值_____Ω	
		用万用表蜂鸣挡测量灯泡 L1 负极接线柱至电源负极接线柱之间的电阻	电阻值_____Ω	
		测量灯泡 L2 的电阻	电阻值_____Ω	正常电阻值_____Ω
		用万用表蜂鸣挡测量熔断器负极接线柱至灯泡 L2 正极接线柱之间的电阻	电阻值_____Ω	
		用万用表蜂鸣挡测量灯泡 L2 负极接线柱至电源负极接线柱之间的电阻	电阻值_____Ω	
		用万用表蜂鸣挡测量开关 K1 负极接线柱至熔断器正极接线柱之间的电阻	电阻值_____Ω	
		用万用表蜂鸣挡测量熔断器两端接线柱之间的电阻	电阻值_____Ω	
4	混联电路	测量灯泡 L1 的电阻	电阻值_____Ω	正常电阻值_____Ω
		测量灯泡 L2 的电阻	电阻值_____Ω	正常电阻值_____Ω
		测量灯泡 L3 的电阻	电阻值_____Ω	正常电阻值_____Ω
		用万用表蜂鸣挡测量电源正极接线柱至开关 K1 正极接线柱之间的电阻	电阻值_____Ω	
		用万用表蜂鸣挡测量开关 K1 负极接线柱至熔断器正极接线柱之间的电阻	电阻值_____Ω	

续表

序号	测量电路类型	项目	检查结果	备注
4	混联电路	用万用表蜂鸣挡测量熔断器负极接线柱至灯泡 L1 正极接线柱之间的电阻	电阻值_____Ω	
		用万用表蜂鸣挡测量灯泡 L1 负极接线柱至灯泡 L2 正极接线柱之间的电阻	电阻值_____Ω	
		用万用表蜂鸣挡测量灯泡 L2 负极接线柱至电源负极接线柱之间的电阻	电阻值_____Ω	
		用万用表蜂鸣挡测量灯泡 L1 负极接线柱至灯泡 L3 正极接线柱之间的电阻	电阻值_____Ω	
		用万用表蜂鸣挡测量灯泡 L3 负极接线柱至电源负极接线柱之间的电阻	电阻值_____Ω	

六、检查

（一）自检

结合本组任务操作过程，对任务执行过程中的操作规范性进行检查，检查操作过程中是否存在以下问题，分析、讨论应如何避免并总结规范的操作方法（表 3-7）。

表 3-7　　　　　　　　　　　　　　　自检

检查项目	结果
线路导通情况测量方法是否正确	是□　否□
负载电阻测量方法是否正确	是□　否□
是否能够通过测量负载电阻判断负载短路、断路故障	是□　否□

（二）互检

组与组之间相互进行任务操作过程及结果检查，并把检查结果填写在表 3-8 中。

表 3-8　　　　　　　　　　　　　　　互检

检查项目	结果
线路导通情况测量方法是否正确	是□　否□
负载电阻测量方法是否正确	是□　否□
是否能够通过测量负载电阻判断负载短路、断路故障	是□　否□

七、课堂小结

微课动画

实操视频

汽车电器与电子系统检查与修理任务工单			
客户信息	姓名		电话
车辆信息	车型	VIN	行驶里程

客户描述

制动灯不亮	☐	近光灯不亮 ☐	远光灯不亮 ☐	雾灯不亮	☐
发动机加速无力	☐	发动机无法启动 ☐	轮胎无气压 ☐	制动跑偏	☐
制动液液位偏低	☐	蓄电池亏电 ☐	蓄电池充不上电 ☐	发电机不发电	☐
基本电路故障	☐	变光开关损坏 ☐	玻璃升降器不工作 ☐	充电指示灯异常点亮	☐

其他:

_____

_____

_____

车辆外观检查		车辆内部检查	
凹凸 ☐		污渍 ☐	
划痕 ☐		破损 ☐	
石击 ☐		色斑 ☐	
油漆 ☐		变形 ☐	

明确具体工作任务

_____

_____

_____

 **任务目标**
- 能够识别制动灯电路图
- 能够拆画制动灯电路图

 **任务内容**
- 制动灯不亮故障电路图拆画
- 电路常见符号
- 横坐标式电路图的特点
- 电路图的识读与拆画方法

 **任务重点**
- 电路图的识读方法

 **任务难点**
- 汽车制动灯电路图的拆画

一、知识讲解

(一)制动灯不亮故障电路图拆画

汽车制动灯安装在车辆后部,左、右各一个,同时还配有一个高位制动灯,如图 4-1 所示。汽车制动灯和高位制动灯都是为了便于后面行驶的车辆发现前方车辆制动,从而防止追尾事故的发生。

图 4-1　制动灯安装位置

1—高位制动灯;2—左后制动灯;3—右后制动灯

如果制动灯不亮,说明制动灯电路出现问题,应对制动灯电路进行检查。汽车电路与普通电路一样,都是由电源、开关、导线、负载等组成的。但是汽车用电器繁多,导线也很多,为了更合理地利用和优化空间,汽车上所有导线都采用线束方式捆扎起来,并布置在车辆上,如图 4-2 所示。

理论上,每个用电器都需要使用两根导线来连接电源与用电器之间的电路,但为了节约成本和合理化利用空间,汽车上都采用单线制,即所有的用电器回路都通过车身这根"导线"连接到蓄电池负极,如图 4-3 所示。

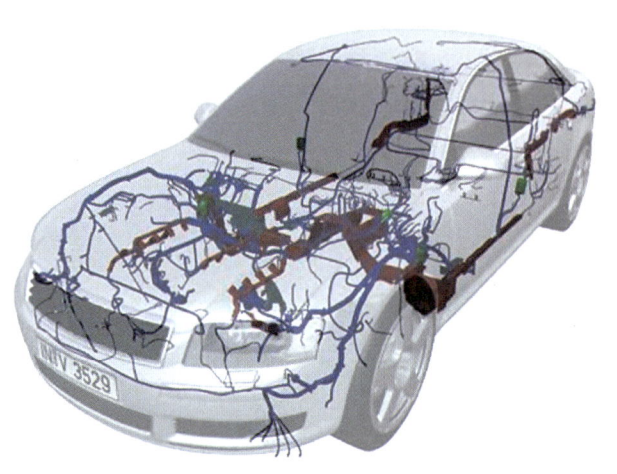

图 4-2　汽车线束在车辆上的布置　　　图 4-3　汽车电路的特点——单线制

（二）电路常见符号

常见电路符号、含义及其实物图见表 4-1。

表 4-1　　　　　　　　　　　　　　常见电路符号、含义及其实物图

电路符号	含义	实物图
┿ T4/2	插接器，T4 表示此插接器有 4 个端子，2 表示此端子为第 2 个	
S26 10A	熔断器，S26 表示此熔断器为熔断器架上的第 26 号，10A 表示此熔断器的额定电流为 10 A	
⑱	连接线或连接点，表示很多线在此连接。为表达清楚，将所有连接线平行画出。连接点用细直线代替，表示连接在一起。18 为说明编号，电路图下方有详细注释	
G1 142	搭铁点，其安装位置在电路图注释中有详细说明	
2.5 sw/ro	导线直径与导线颜色	

(三)横坐标式电路图的特点

横坐标式电路图主要以德系车为主(我国自主品牌奇瑞车系也采用该方式),其特点是纵向平行排列,不走折线,图上不出现导线交叉,在电路图最下端通过编号坐标来标注图中各线路的位置,每条线路都对准下框线上的一个编号。图中一般不允许出现横向交叉跨度较大的走线。横坐标式电路图如图 4-4 所示。

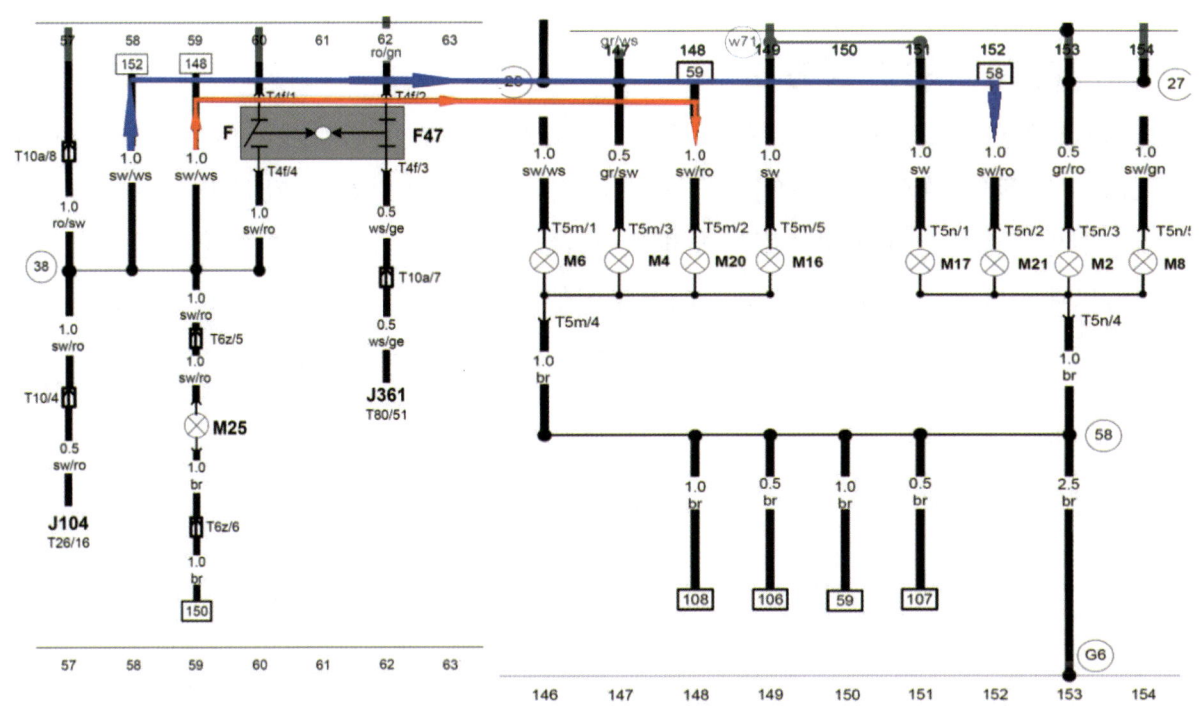

图 4-4　横坐标式电路图

(四)电路图的识读方法

由于汽车电路中用电器较多,且都从电源正极引出然后再分流,因此,不能采用电流走向的方法来分析、辨别制动灯电路,只能从制动灯泡开始采用"逆推"寻找电源的方式来识读制动灯电路。具体步骤如下:

(1)先找到电路图(图 4-4)中制动灯泡的位置(在电路图 11d/12 页,纵坐标 148 和 152 上方,分别为 M20 和 M21)。在 M20 和 M21 下方看到它们先通过连接点 58 后又经搭铁点 G6 搭铁。

(2)根据汽车电路单线制的特点,分别沿着 M20 与 M21 上方的电路,找到两个断口标注 59 和 58。断口标注 59 下方所对应的横坐标为 148,断口标注 58 下方所对应的横坐标为 152,则应该去横坐标为 58、59 的上方寻找断口坐标 148 和 152。

(3)在电路图 11d/6 页,横坐标 58、59 上方找到对应的断口标注,发现这两根导线通过连接点 38 连接在一起,而且该连接点上还有其他导线相连,而所有的导线中只有最右端的 1.0 mm 黑、红色导线是连接在制动灯开关 F 上的,因此,这应该是电源的源头。

（4）顺着制动灯开关F向上又有一个断口标注指向横坐标51，在横坐标51处找到与此相连的断口标注60，继续向上到达熔断器S46（10 A），再向上到达正极连接点19。通过多次查找发现所有向下的导线都是通向用电器；另对比导线直径，可发现直径为6.0 mm的红、白色导线才可能是电源正极出来的总电源线，于是继续向上查找。

（5）在横坐标10上方找到断口标注为49的导线连接，继续向上查找不难发现，该线路经连接点105后，又经蓄电池上方熔断器架上的熔断器S02与蓄电池正极相连。

（五）电路图的拆画方法

首先，在绘图纸最上端和最下端画两条代表电源和搭铁的水平线。然后，将电路中涉及的所有电气元件按电流顺序自上向下逐一画出，依次为熔断器、制动灯开关、制动灯等。最后，参照电路图将这些元器件用代表导线的直线连接起来，注意要标明每个插接器的插脚符号，以便对电路进行分析。拆画完的电路图如图4-5所示。

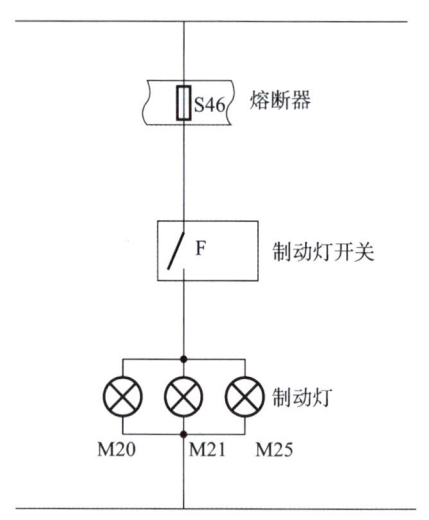

图4-5　拆画完的电路图

二、任务准备

在下列图片中勾选出完成本任务所需的工具、设备、资料等。

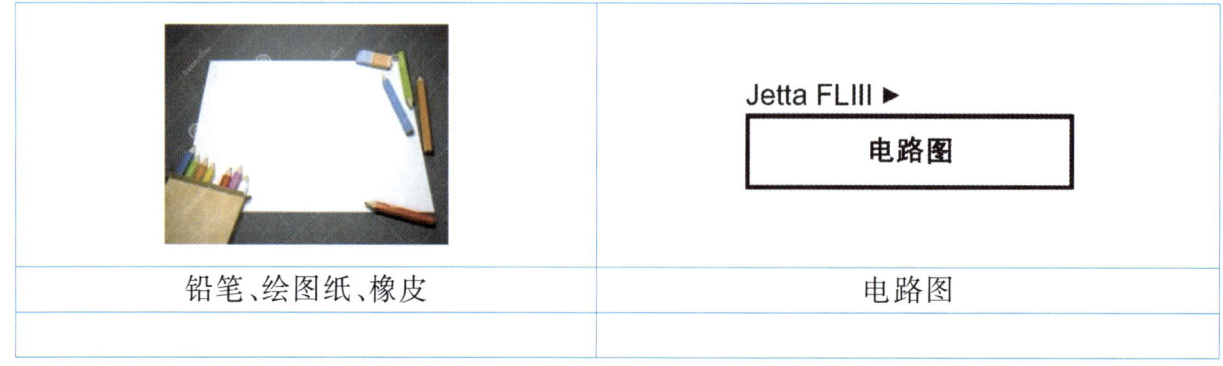

铅笔、绘图纸、橡皮	电路图

三、防护措施

(一)个人安全防护

(1)维修操作人员必须穿工作服、工作鞋,戴工作帽、手套;工作服拉链及皮带扣应藏于衣服内侧,袖口、领口、裤脚扣紧;女生长发要盘起藏在工作帽内。

(2)维修操作人员在进入车间时不应戴手表、戒指、项链等金属饰品。

(3)维修操作人员在进行车辆维修时,应防止脚部被车轮轧伤,手部被车门夹伤或被热的发动机烫伤,以及被发动机传动带绞伤。

(4)在搬运重物及尖锐器物时应注意动作和姿势,防止扭伤腰部、砸伤脚部或划伤手部。

(二)车辆/台架等设备安全

(1)车辆进入车间内,应停放至指定地点,关闭发动机,将变速器置于空挡位置,并拉紧驻车制动器,台架应将滑轮锁死或用木块固定。

(2)维修操作前,应铺设三件套及翼子板布。发动机启动前应确保其他人员远离车辆。

(3)操作电气设备时应注意用电安全。作业结束后,应及时切断一切用电设备的电源。

(4)操作前应熟读维修手册中的操作标准和台架、仪器、设备的使用标准,并做好日常维护工作。

(三)车间场地安全防护

(1)车间应配有干粉灭火器及相应的消防设施,易燃油品应存放在密封的金属罐中。

(2)应时刻注意将车间内的所有工具、零部件、设备、车辆等摆放整齐,工作结束后摆放于指定地点保管。

(3)车间内设备或车辆周围的人行道及工作区域必须保证足够的安全空间。

(4)操作过程中应做到油品、工具、配件三不落地,作业完毕应及时清理车间工作场地,做到现场 6S 管理。

四、任务分配

任务分配见表 4-2。

表 4-2　　　　　　　　　　　　　　　　　　任务分配

职务	代码	姓名	工作内容
组长	A		
	B		
	C		
组员	D		
	E		
	F		

五、任务实施

（一）操作步骤

将表 4-3 中的工作内容补充完整。

表 4-3　　　　　　　　　　　　　　　　操作步骤

步骤	项目	顺序	工作内容
1	准备工作		准备铅笔、绘图纸、橡皮、电路图
2	拆画电路图	1	
		2	
		3	
		4	
		5	
		6	
		7	结合电路图草稿，按照电路图绘制要求和标准，完成电路图的拆画

（二）实施记录

结合实施过程，对照表 4-4 的检查项目，勾选实际的检查结果。

表 4-4　　　　　　　　　　　　　　　　实施记录

序号	项目	检查结果	备注
1	制动灯符号绘制是否正确	正确 □　　错误 □	
2	制动灯开关 F 绘制是否正确	正确 □　　错误 □	
3	熔断器 S46 绘制是否正确	正确 □　　错误 □	
4	电源线绘制是否正确	正确 □　　错误 □	
5	电路各元器件连接顺序是否正确	正确 □　　错误 □	

六、检查

（一）自检

结合本组任务操作过程，对任务执行过程中的操作规范性进行检查，检查操作过程中是否存在以下问题，分析、讨论应如何避免并总结规范的操作方法（表 4-5）。

表 4-5 自检

检查项目	结果
电路图中电路走向识别是否正确	是 □ 否 □
电路图中各电气元件符号绘制是否正确	是 □ 否 □
电路图中各元器件连接顺序是否正确	是 □ 否 □
电路图拆画是否符合标准	是 □ 否 □

(二)互检

组与组之间相互进行任务操作过程及结果检查,并把检查结果填写在表 4-6 中。

表 4-6 互检

检查项目	结果
电路图中电路走向识别是否正确	是 □ 否 □
电路图中各电气元件符号绘制是否正确	是 □ 否 □
电路图中各元器件连接顺序是否正确	是 □ 否 □
电路图拆画是否符合标准	是 □ 否 □

七、课堂小结

微课动画

实操视频

汽车电器与电子系统检查与修理任务工单			
客户信息	姓名		电话
车辆信息	车型	VIN	行驶里程
客户描述	制动灯不亮 □ 近光灯不亮 □ 远光灯不亮 □ 雾灯不亮 □ 发动机加速无力 □ 发动机无法启动 □ 轮胎无气压 □ 制动跑偏 □ 制动液液位偏低 □ 蓄电池亏电 □ 蓄电池充不上电 □ 发电机不发电 □ 基本电路故障 □ 变光开关损坏 □ 玻璃升降器不工作 □ 充电指示灯异常点亮 □ 其他： _____ _____ _____		

车辆外观检查		车辆内部检查	
凹凸 □		污渍 □	
划痕 □		破损 □	
石击 □		色斑 □	
油漆 □		变形 □	

明确具体 工作任务	_____ _____ _____

● 能够对制动灯的常见故障进行检查与修理
● 能够向客户解释制动灯损坏的原因

● 制动灯不亮时的检查部位
● 制动灯不亮的实车故障排查流程

● 制动灯不亮的实车故障排查流程

● 制动灯各元器件故障验证

一、知识讲解

(一)制动灯不亮时的检查部位

当制动灯不亮时,应根据制动灯电路图(图 5-1),结合电流走向,分析制动灯不亮的故障原因。可能的损坏部位有蓄电池、熔断器 S46、制动灯开关 F、制动灯灯泡、搭铁点 G6、连接导线等。

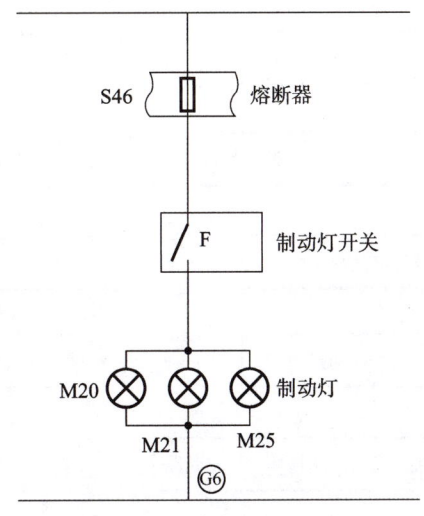

图 5-1 制动灯电路图

(1)熔断器:在熔断器架上找到制动灯熔断器,将其拔下后,目视熔断器内部是否熔断,或者使用万用表的欧姆挡检查其通断。若万用表显示"1",则说明熔断器熔断,应更换新的熔丝。

(2)制动灯开关:拆下制动灯开关插头,使用万用表欧姆挡测量其 1 号针脚与 4 号针脚之

间的阻值。压下制动灯开关时,其电阻值应小于 0.5 Ω;松开制动灯开关时,万用表应显示"1"。

(3)制动灯灯泡:拆下后制动灯灯架,取下制动灯灯泡,检查其灯丝是否熔断,或使用万用表测量制动灯灯泡灯丝电阻值。若万用表显示"1",则说明制动灯灯丝熔断,应更换制动灯灯泡。

(4)搭铁点:拆下后制动灯灯架上的连接插头,用万用表测量插头的 T5/3 或 T5n/4 号针脚与车辆任一搭铁点之间的电阻,其值应小于 0.5 Ω。若万用表显示"1"或阻值大于 0.5 Ω,则说明搭铁线路断开或搭铁不良。

(二)制动灯不亮的实车故障排查流程

制动灯不亮的实车故障排查流程如图 5-2 所示。

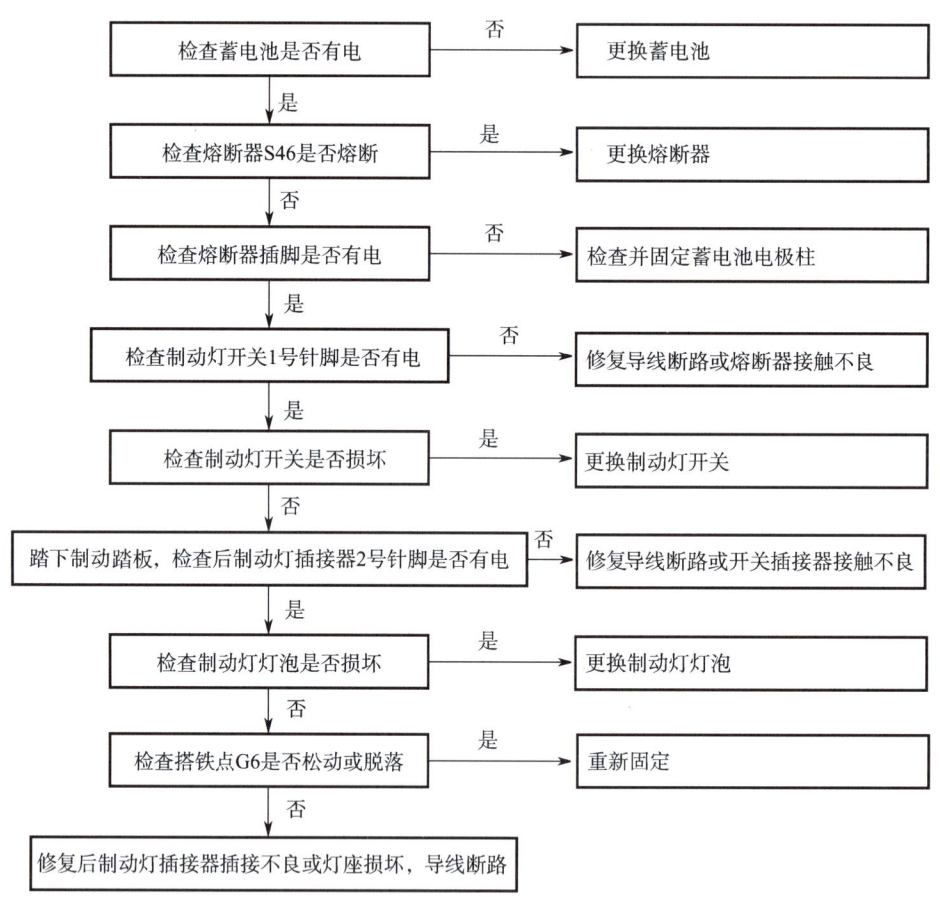

图 5-2　制动灯不亮的实车故障排查流程

二、任务准备

在下列图片中勾选出完成本任务所需的工具、设备、资料等。

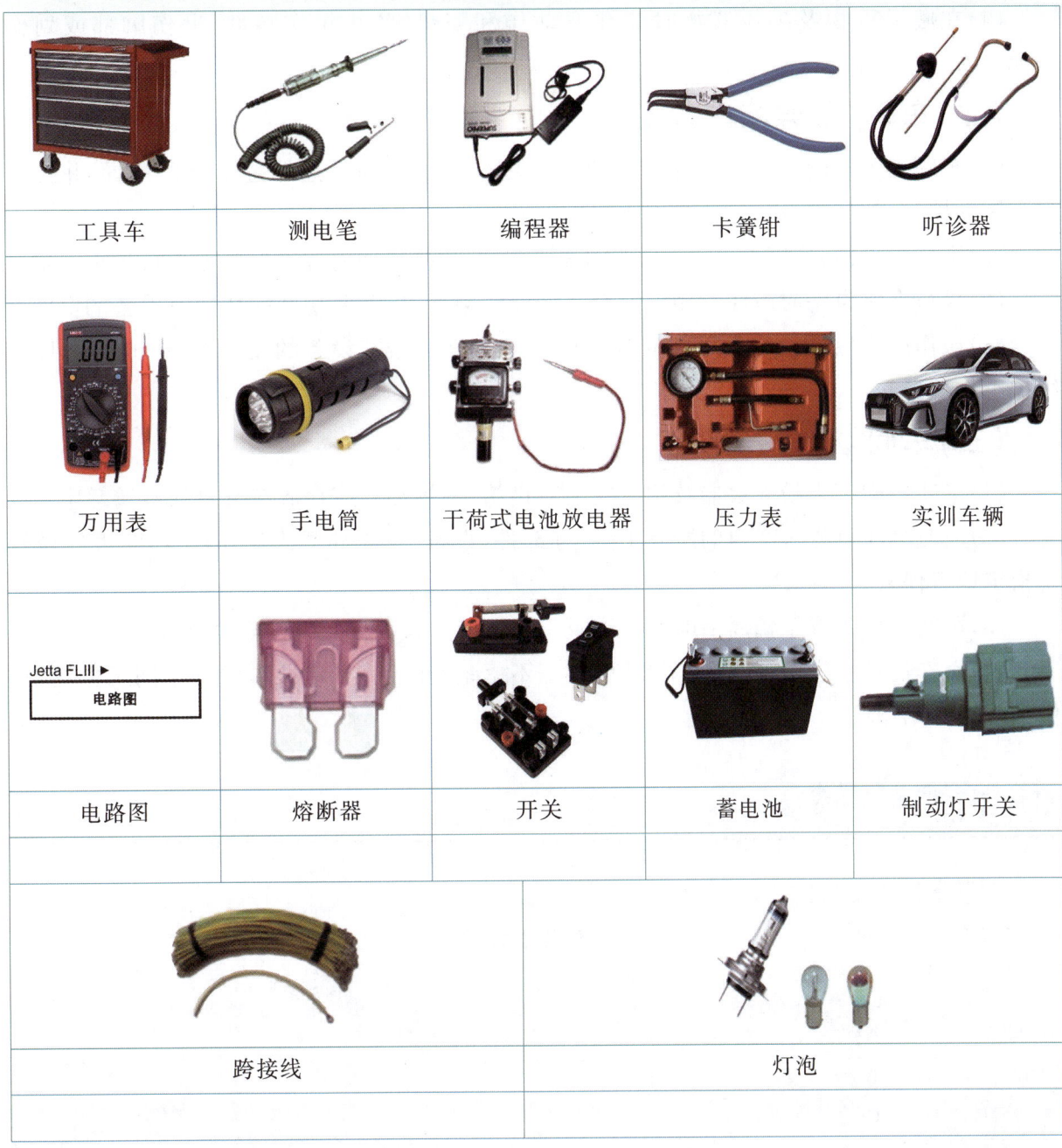

工具车	测电笔	编程器	卡簧钳	听诊器
万用表	手电筒	干荷式电池放电器	压力表	实训车辆
电路图	熔断器	开关	蓄电池	制动灯开关

跨接线	灯泡

三、防护措施

(一)个人安全防护

(1)维修操作人员必须穿工作服、工作鞋,戴工作帽、手套;工作服拉链及皮带扣应藏于衣服内侧,袖口、领口、裤脚扣紧;女生长发要盘起藏在工作帽内。

(2)维修操作人员在进入车间时不应戴手表、戒指、项链等金属饰品。

(3)维修操作人员在进行车辆维修时,应防止脚部被车轮轧伤,手部被车门夹伤或被热的发动机烫伤,以及被发动机传动带绞伤。

(4)在搬运重物及尖锐器物时应注意动作和姿势,防止扭伤腰部、砸伤脚部或划伤手部。

(二)车辆/台架等设备安全

(1)车辆进入车间内,应停放至指定地点,关闭发动机,将变速器置于空挡位置,并拉紧驻车制动器,台架应将滑轮锁死或用木块固定。

(2)维修操作前,应铺设三件套及翼子板布。发动机启动前应确保其他人员远离车辆。

(3)操作电气设备时应注意用电安全。作业结束后,应及时切断一切用电设备的电源。

(4)操作前应熟读维修手册中的操作标准和台架、仪器、设备的使用标准,并做好日常维护工作。

(三)车间场地安全防护

(1)车间应配有干粉灭火器及相应的消防设施,易燃油品应存放在密封的金属罐中。

(2)应时刻注意将车间内的所有工具、零部件、设备、车辆等摆放整齐,工作结束后摆放于指定地点保管。

(3)车间内设备或车辆周围的人行道及工作区域必须保证足够的安全空间。

(4)操作过程中应做到油品、工具、配件三不落地,作业完毕应及时清理车间工作场地,做到现场 6S 管理。

四、任务分配

任务分配见表 5-1。

表 5-1   任务分配

职务	代码	姓名	工作内容
组长	A		
组员	B		
	C		
	D		
	E		
	F		

五、任务实施

(一)操作步骤

将表 5-2 中的工作内容补充完整。

表 5-2　　　　　　　　　　　　　　　　　　　操作步骤

步骤	项目	顺序	工作内容
1	安全防护与工作准备	1	铺设三件套
		2	打开发动机舱盖,铺设翼子板布,并用吹尘枪简单清洁发动机舱
		3	
2	制动灯开关电路检查	1	拔下熔断器 S46,检查熔丝有无熔断,若熔断则更换熔丝,若熔丝正常则进行下一步检查
		2	
		3	拆下仪表板下方装饰板,拔下制动灯开关插接器,使用万用表或试灯检查插接器插头 1 号端子有无 12 V 电压,若无 12 V 电压,则说明熔断器与制动灯开关之间的导线断路或熔断器插接不良
		4	使用跨接线将制动灯开关 1 号针脚和 4 号针脚引出,压下制动灯开关,并使用万用表最小欧姆挡检查 1 号针脚与 4 号针脚之间是否导通。若两针脚之间不导通,则说明制动灯开关损坏,应更换制动灯开关;若导通,则将制动灯开关插接器插回制动灯开关,进行下一步检查
		5	
3	制动灯灯座及灯泡检查	1	拆下后制动灯灯座,检查制动灯灯泡有无损坏。若灯泡损坏,则应进行更换;若灯泡正常,则进行下一步检查
		2	
		3	

(二)实施记录

结合实施过程,对照表 5-3 的检查项目,勾选或填写实际的检查结果。

表 5-3　　　　　　　　　　　　　　　　　　　实施记录

序号	项目	检查结果	备注
1	测量蓄电池电压	电压值＿＿＿＿ V	
2	检查熔断器 S46	正常 □　熔断 □	
3	测量熔断器 S46 插脚电压	电压值＿＿＿＿ V	
4	拔下制动灯开关插接器,使用万用表或试灯检查插接器插头 1 号端子有无 12 V 电压	有 □　无 □	
5	压下制动灯开关,并使用万用表最小欧姆挡检查 1 号针脚与 4 号针脚之间是否导通	导通 □　不导通 □	
6	压下制动灯开关,使用万用表或试灯检查插接器插头 2 号端子有无 12 V 电压	有 □　无 □	
7	检查制动灯灯泡	正常 □　损坏 □	
8	检查搭铁点 G6	接触良好 □　接触不良 □	
9	检查后制动灯插接器插头 4 号端子与搭铁点 G6 是否导通	导通 □　不导通 □	

六、检查

(一)自检

结合本组任务操作过程,对任务执行过程中的操作规范性进行检查,检查操作过程中是否存在以下问题,分析、讨论应如何避免并总结规范的操作方法(表5-4)。

表 5-4　　　　　　　　　　　　　　　　　　自检

检查项目	结果
熔断器检查方法是否正确	是 □　　否 □
熔断器座插脚电压检查方法是否正确	是 □　　否 □
制动灯开关检查方法是否正确	是 □　　否 □
制动灯灯泡检查方法是否正确	是 □　　否 □
搭铁点检查方法是否正确	是 □　　否 □
线路导通情况检查方法是否正确	是 □　　否 □

(二)互检

组与组之间相互进行任务操作过程及结果检查,并把检查结果填写在表5-5中。

表 5-5　　　　　　　　　　　　　　　　　　互检

检查项目	结果
熔断器检查方法是否正确	是 □　　否 □
熔断器座插脚电压检查方法是否正确	是 □　　否 □
制动灯开关检查方法是否正确	是 □　　否 □
制动灯灯泡检查方法是否正确	是 □　　否 □
搭铁点检查方法是否正确	是 □　　否 □
线路导通情况检查方法是否正确	是 □　　否 □

七、课堂小结

微课动画

实操视频

汽车电器与电子系统检查与修理任务工单			
客户信息	姓名		电话
车辆信息	车型	VIN	行驶里程

客户描述

制动灯不亮 ☐	近光灯不亮 ☐	远光灯不亮 ☐	雾灯不亮 ☐
发动机加速无力 ☐	发动机无法启动 ☐	轮胎无气压 ☐	制动跑偏 ☐
制动液液位偏低 ☐	蓄电池亏电 ☐	蓄电池充不上电 ☐	发电机不发电 ☐
基本电路故障 ☐	变光开关损坏 ☐	玻璃升降器不工作 ☐	充电指示灯异常点亮 ☐

其他：

_____

_____

_____

车辆外观检查	车辆内部检查
凹凸 ☐	污渍 ☐
划痕 ☐	破损 ☐
石击 ☐	色斑 ☐
油漆 ☐	变形 ☐

明确具体工作任务

_____

_____

_____

● 能够对近光灯常见故障进行检查与修理
● 能够向客户解释近光灯故障的原因

● 近光灯的作用、安装位置、电路拆画和控制原理
● 近光灯电路的检查方法

● 近光灯电路的检查方法

● 近光灯电路故障排除

一、知识讲解

(一)近光灯的作用

近光灯是夜间行车时前方照明灯的一种,它的主要作用是照亮前方道路和行人、车辆,保证夜间行车安全,如图 6-1 所示。

(二)近光灯的安装位置

近光灯与行车灯、远光灯及转向灯等信号灯一起安装在前照灯灯罩中,前照灯灯罩安装在车辆前方的发动机舱盖与保险杠之间,左、右各一个,如图 6-2 所示。

图 6-1　近光灯

图 6-2　近光灯的安装位置

(三)近光灯电路拆画

近光灯电路拆画方法与制动灯类似,先从近光灯灯泡开始,找到近光灯的电路回路。唯一不同的是在近光灯电路中,控制近光灯工作的不再是普通的开关,而是继电器。所以在拆画近光灯电路时,还应将继电器电路一并拆画出来。具体步骤如下:

(1)在电路图"基本装备目录"中找到近光灯位置,绘制近光灯电路符号。

(2)通过对近光灯电路"顺藤摸瓜"找出近光灯的搭铁点 G1 和 G10,绘制搭铁点 G1/G10。

(3)由近光灯电路向上,经过 S1 和 S2 两个熔断器,到达前照灯继电器 J12,然后经继电器与蓄电池正极相连,绘制保险 S1、S2、前照灯继电器 J12 和蓄电池电源线路。

(4)继电器电磁线圈通过 G3 搭铁点搭铁,向上则先经过变光开关 E4,到达制动灯旋转开关 E1,绘制搭铁点 G3、变光开关 E4 和旋钮开关 E1。

(5)经过熔断器 S24 到达点火开关 D,与蓄电池正极相连,绘制熔断器 S24 和点火开关 D。

(6)将绘制的元器件符号按顺序进行连接,完成电路图绘制。

由拆画出的近光灯电路可知,近光灯电路主要由蓄电池、点火开关、前照灯旋钮开关、变光开关、前照灯继电器、熔断器及近光灯灯泡等组成。

(四)近光灯的控制原理

当打开点火开关和前照灯旋钮开关时,蓄电池正极电流首先经过蓄电池上方主熔断器架 P 上的熔断器 S02,到达点火开关 D 的端子 30,再由点火开关 D 的端子 15 流出,经过熔断器 S24 到达前照灯旋钮开关 E1 的 1 号端子,经前照灯旋钮开关 E1 的 4 号端子流出,到达变光开关 E4 的 3 号端子,再经变光开关 E4 的 2 号端子流出,到达前照灯继电器 J12 的 9 号端子,最后通过前照灯继电器 J12 的 5 号端子与搭铁点 G3 搭铁,使前照灯继电器 J12 工作,接通其 2 号端子与 4 号端子之间的开关。

前照灯继电器的 2 号端子与 4 号端子接通后,蓄电池中的电流经蓄电池上方主熔断器架 P 上的熔断器 S02 到达电源正极连接线 19,然后经过其中一根导线到达前照灯继电器 J12 的 4 号端子,再经其 2 号端子流出,分别通过熔断器 S1 和 S2 连接左、右前照灯插接器的 7 号端子,最后经两前照灯插接器的 8 号端子流出,分别经搭铁点 G1 和 G10 搭铁,这样两近光灯灯泡才能正常工作。

近光灯的控制原理如图 6-3 所示。

(五)近光灯电路的检查方法

近光灯电路中任一部位损坏都可能引起近光灯不亮,在检查时需要遵循由简到繁、由表及里的原则。近光灯故障通常可分为两部分进行排查,其一为灯光电路部分检查,其二为继电器电路部分检查。排查故障的顺序为熔断器—近光灯灯泡—搭铁点—前照灯继电器—前照灯旋钮开关—点火开关—线路。

近光灯的故障诊断流程如图 6-4 所示。

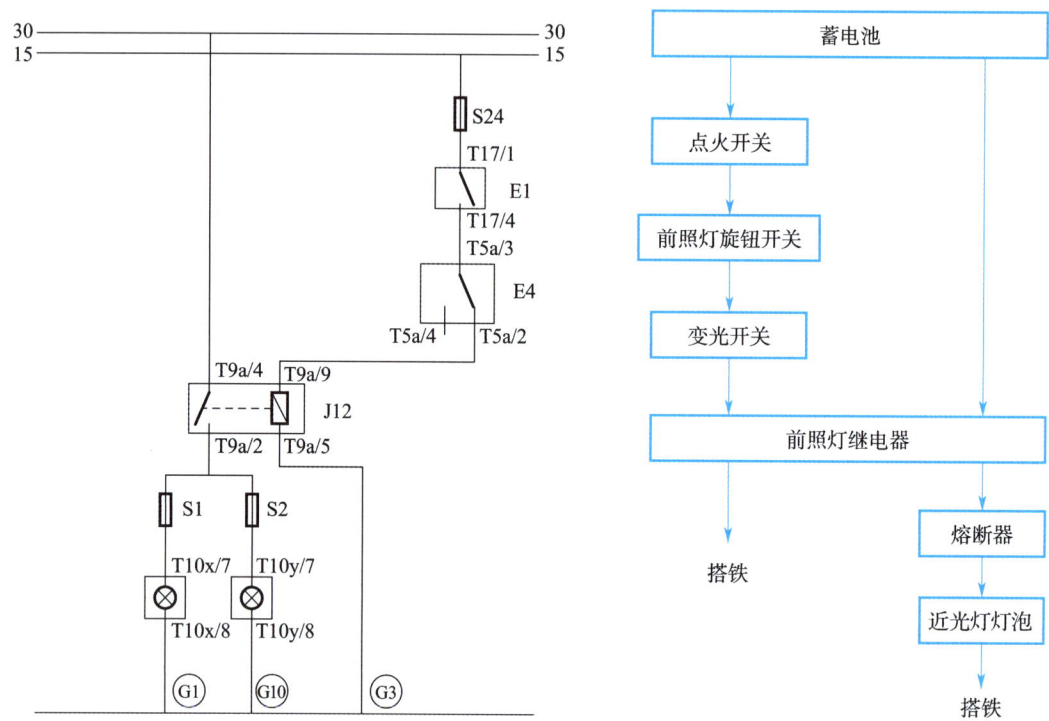

图 6-3 近光灯的控制原理

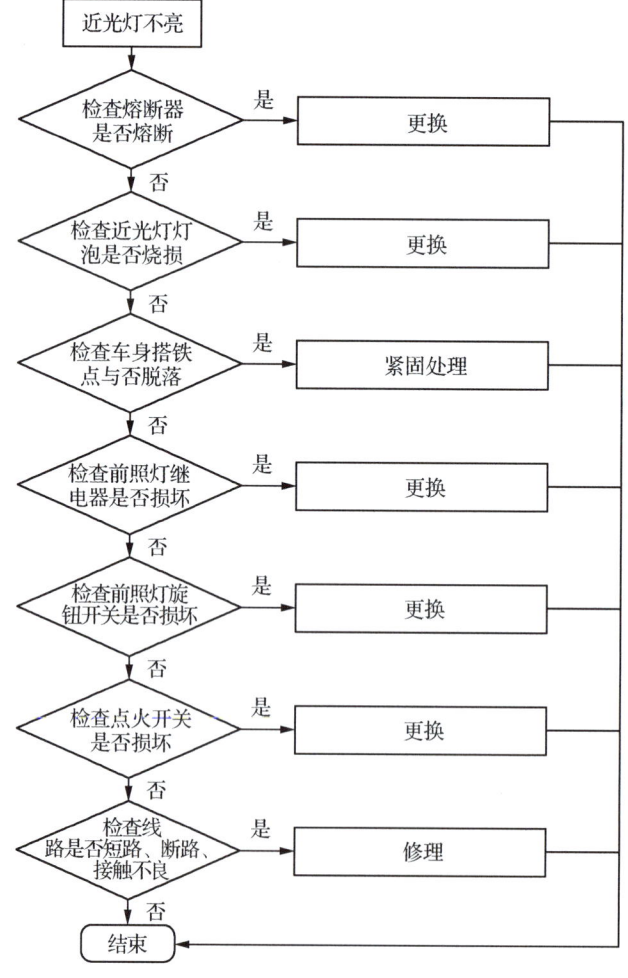

图 6-4 近光灯的故障诊断流程

熔断器、近光灯灯泡、搭铁点及线路的检查方法与制动灯相同。

二、任务准备

在下列图片中勾选出完成本任务所需的工具、设备、资料等。

工具车	测电笔	编程器	卡簧钳	听诊器
万用表	手电筒	干荷式电池放电器	压力表	防护用品
实训车辆	拆画好的电路图	充电机	维修手册	熔断器
开关	蓄电池	灯泡	继电器	跨接线

三、防护措施

（一）个人安全防护

（1）维修操作人员必须穿工作服、工作鞋，戴工作帽、手套；工作服拉链及皮带扣应藏于衣服内侧，袖口、领口、裤脚扣紧；女生长发要盘起藏在工作帽内。

（2）维修操作人员在进入车间时不应戴手表、戒指、项链等金属饰品。

（3）维修操作人员在进行车辆维修时，应防止脚部被车轮轧伤，手部被车门夹伤或被热的发动机烫伤，以及被发动机传动带绞伤。

（4）在搬运重物及尖锐器物时应注意动作和姿势，防止扭伤腰部、砸伤脚部或划伤手部。

（二）车辆/台架等设备安全

（1）车辆进入车间内，应停放至指定地点，关闭发动机，将变速器置于空挡位置，并拉紧驻车制动器，台架应将滑轮锁死或用木块固定。

（2）维修操作前，应铺设三件套及翼子板布。发动机启动前应确保其他人员远离车辆。

（3）操作电气设备时应注意用电安全。作业结束后，应及时切断一切用电设备的电源。

（4）操作前应熟读维修手册中的操作标准和台架、仪器、设备的使用标准，并做好日常维护工作。

（三）车间场地安全防护

（1）车间应配有干粉灭火器及相应的消防设施，易燃油品应存放在密封的金属罐中。

（2）应时刻注意将车间内的所有工具、零部件、设备、车辆等摆放整齐，工作结束后摆放于指定地点保管。

（3）车间内设备或车辆周围的人行道及工作区域必须保证足够的安全空间。

（4）操作过程中应做到油品、工具、配件三不落地，作业完毕应及时清理车间工作场地，做到现场 6S 管理。

四、任务分配

任务分配见表 6-1。

表 6-1　　　　　　　　　　　　任务分配

职务	代码	姓名	工作内容
组长	A		
组员	B		
	C		
	D		
	E		
	F		

五、任务实施

(一)操作步骤

将表 6-2 中的工作内容补充完整。

表 6-2 操作步骤

步骤	项目	顺序	工作内容
1	安全防护与工作准备	1	铺设三件套及翼子板布
		2	
		3	
		4	
2	近光灯电路检查	1	
		2	
		3	拔下前照灯后方的插接器,检查其 7 号端子有无电源电压。若 7 号端子无电源电压,则说明熔断器与前照灯插头之间的线路存在断路或熔断器插接不实;若有电源电压,则进行下一步检查
		4	
3	继电器及继电器座检查	1	若在前照灯电路检查中,发现熔断器 S1、S2 处无电源电压,则应拔下继电器,检查继电器是否损坏。若继电器损坏,则更换继电器;若继电器正常,则进行下一步检查
		2	使用万用表 200 Ω 挡测量 3 号针脚与 7 号针脚之间的电阻,正常电阻值为 75 Ω 左右
		3	
		4	
		5	
		6	
		7	
		8	打开点火开关,使用万用表或试灯检查继电器座 T9a/4 号针脚有无 12 V 电压。若 T9a/4 号针脚无 12 V 电压,则说明该针脚与电源正极之间导线存在断路现象;若有 12 V 电压,则说明继电器座与继电器存在插接不良现象

步骤	项目	顺序	工作内容
4	灯光开关电路检查	1	若在继电器座检查中发现其 T9a/9 号针脚无 12 V 电压,则先检查熔断器 S24 有无熔断。若熔断器熔断,则进行更换;若熔断器正常,则使用万用表或试灯检查熔断器 S24 处有无 12 V 电压。若熔断器 S24 处无 12 V 电压,则检查点火开关电路;若有 12 V 电压,则进行下一步检查
		2	
		3	
		4	
		5	打开点火开关及前照灯旋钮开关,将变光开关置于近光灯位置,使用万用表蜂鸣挡检查变光开关下方的 3 号针脚与前照灯旋钮开关 2 号针脚是否导通。若两针脚不导通,则说明变光开关损坏,应进行更换;若导通,则说明变光开关插接器 2 号针脚与继电器 T9a/9 号针脚之间的导线存在断路或变光开关插接器插接不良
5	点火开关电路检查	1	使用万用表 20 V 挡检查熔断器 S24 处有无电源电压。若熔断器 S24 处无电源电压,则应拔下点火开关插接器,使用万用表或试灯检查插接器端子 30 有无电源电压。若端子 30 无电源电压,则说明其与蓄电池正极之间存在断路,应检查蓄电池正极柱和负极柱的连接情况及蓄电池上方熔断器有无熔断;若有电源电压,则进行下一步检查
		2	
6	整理	1	
		2	
		3	清理地面卫生

(二)实施记录

结合实施过程,对照表 6-3 的检查项目,勾选或填写实际的检查结果。

表 6-3 实施记录

序号	项目	检查结果	备注
1	测量蓄电池电压	电压值_____ V	
2	检查熔断器 S1	正常 □　熔断 □	
3	测量熔断器 S1 插脚电压	电压值_____ V	
4	检查熔断器 S2	正常 □　熔断 □	
5	测量熔断器 S2 插脚电压	电压值_____ V	
6	检查近光灯灯泡	正常 □　损坏 □	
7	检查近光灯插接器 7 号针脚电压	电压值_____ V	
8	检查搭铁点 G1/G10	接触良好 □　接触不良 □	
9	检查近光灯继电器	正常 □　损坏 □	
10	使用万用表蜂鸣挡检查继电器座的 T9a/2 号针脚与熔断器插脚是否导通	导通 □　不导通 □	

续表

序号	项目	检查结果	备注
11	打开点火开关及前照灯旋钮开关,将变光开关置于近光灯位置,使用万用表或试灯检查继电器座的 T9a/9 号针脚有无 12 V 电压	有 □　无 □	
12	使用万用表蜂鸣挡检查继电器座的 T9a/5 号针脚与车身任意搭铁点是否导通	导通 □　不导通 □	
13	打开点火开关,使用万用表或试灯检查继电器座的 T9a/4 号针脚有无 12 V 电压	有 □　无 □	
14	检查熔断器 S24	正常 □　熔断 □	
15	测量熔断器 S24 插脚电压	电压值_____ V	
16	打开点火开关,拆下前照灯旋钮开关并拔下插接器,使用万用表或试灯检查插接器端子的 T17/1 号针脚有无 12 V 电压	有 □　无 □	
17	将拆下的前照灯旋钮开关旋至前照灯开启位置,使用万用表蜂鸣挡检查前照灯旋钮开关后方的 1 号针脚与 4 号针脚是否导通	导通 □　不导通 □	
18	打开点火开关及前照灯旋钮开关,拔下变光开关插接器,使用万用表或试灯检查插接器端子的 3 号针脚有无 12 V 电压	有 □　无 □	
19	打开点火开关及前照灯旋钮开关,将变光开关置于近光灯位置,使用万用表蜂鸣挡检查变光开关下方的 3 号针脚与前照灯旋钮开关 2 号针脚是否导通	导通 □　不导通 □	
20	打开点火开关,使用万用表检查点火开关后方端子 30 与端子 15 是否导通	导通 □　不导通 □	

六、检查

(一)自检

结合本组任务操作过程,对任务执行过程中的操作规范性进行检查,检查操作过程中是否存在以下问题,分析、讨论应如何避免并总结规范的操作方法(表 6-4)。

表 6-4　　　　　　　　　　　　　　　自检

检查项目	结果
熔断器检查方法是否正确	是 □　否 □
熔断器座插脚电压检查方法是否正确	是 □　否 □
近光灯继电器检查方法是否正确	是 □　否 □
近光灯灯泡检查方法是否正确	是 □　否 □
搭铁点检查方法是否正确	是 □　否 □
线路导通情况检查方法是否正确	是 □　否 □

续表

检查项目	结果
点火开关检查方法是否正确	是 □　否 □

（二）互检

组与组之间相互进行任务操作过程及结果检查，并把检查结果填写在表 6-5 中。

表 6-5　　　　　　　　　　　　　　　　互检

检查项目	结果
熔断器检查方法是否正确	是 □　否 □
熔断器座插脚电压检查方法是否正确	是 □　否 □
近光灯继电器检查方法是否正确	是 □　否 □
近光灯灯泡检查方法是否正确	是 □　否 □
搭铁点检查方法是否正确	是 □　否 □
线路导通情况检查方法是否正确	是 □　否 □
点火开关检查方法是否正确	是 □　否 □

七、课堂小结

微课动画

实操视频

汽车电器与电子系统检查与修理任务工单

客户信息	姓名		电话	
车辆信息	车型	VIN		行驶里程

客户描述	制动灯不亮 □ 近光灯不亮 □ 远光灯不亮 □ 雾灯不亮 □ 发动机加速无力 □ 发动机无法启动 □ 轮胎无气压 □ 制动跑偏 □ 制动液液位偏低 □ 蓄电池亏电 □ 蓄电池充不上电 □ 发电机不发电 □ 基本电路故障 □ 变光开关损坏 □ 玻璃升降器不工作 □ 充电指示灯异常点亮 □ 其他: _____ _____ _____

车辆外观检查		车辆内部检查	
凹凸 □		污渍 □	
划痕 □		破损 □	
石击 □		色斑 □	
油漆 □		变形 □	

明确具体 工作任务	_____ _____ _____

- 能够对近光灯常见故障进行检查与修理
- 能够向客户解释近光灯故障的原因

- 前照灯继电器近光灯部分的检查方法
- 前照灯旋钮开关的检查方法

- 前照灯继电器近光灯部分的检查方法

- 近光灯电路故障排除

一、知识讲解

（一）前照灯继电器近光灯部分的检查方法

因为近光灯工作电流较大，若用灯光开关直接控制近光灯，灯光开关易烧坏，所以在近光灯电路中设有近光灯继电器。

近光灯继电器 SW 端子接灯光开关，E 端子搭铁，B 端子接电源，L 端子接近光灯。当接通灯光开关（近光灯位置）时，继电器线圈通电，触点闭合，蓄电池直接为近光灯供电。

近光灯继电器如图 7-1 所示。

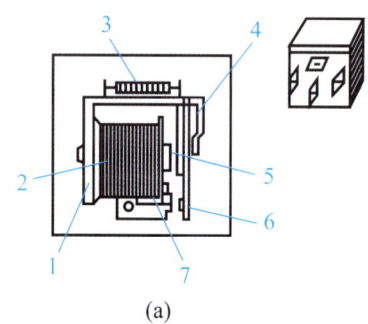
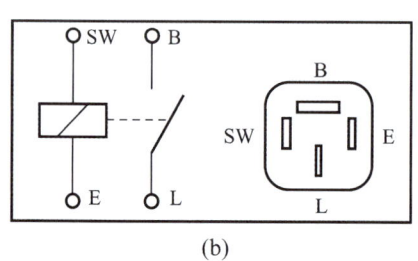

(a)   (b)

图 7-1　近光灯继电器

1—支架；2—线圈；3—弹簧；4—限位卡；5—衔铁；6—动触点；7—静触点

在检查时，将前照灯继电器从继电器座上拔下，打开点火开关和前照灯旋钮开关，然后检查前照灯继电器座上 9 号插孔有无电源电压，若无电源电压，则说明前照灯继电器前方控制电路中有元件损坏或断路，还应使用万用表欧姆挡检查 5 号插孔与地是否导通，若未导通，则说明继电器座 5 号插孔对地线路断路。

拔下前照灯继电器，将前照灯继电器 7 号针脚和 1 号针脚用导线分别与蓄电池的正、负极相连，使用万用表欧姆挡测量 4 号针脚和 5 号针脚应由不导通变为导通，否则，说明前照灯继电器损坏。同时，测量前照灯继电器线圈电阻应为 75 Ω 左右。

前照灯继电器的原理和针脚排列如图 7-2 所示。

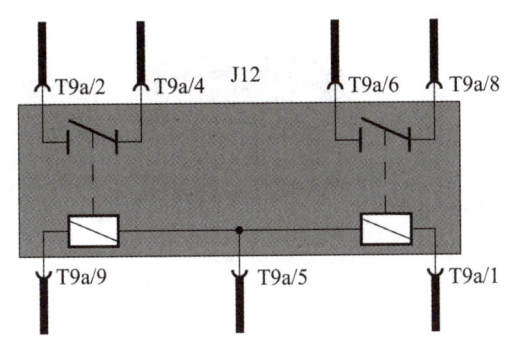

(a)前照灯继电器的原理

(b)前照灯继电器针脚排列

图 7-2　前照灯继电器的原理和针脚排列

(二)前照灯旋钮开关的检查方法

拔下前照灯旋钮开关插接器,打开点火开关,检查前照灯插接器 1 号端子,其应有电源电压,否则说明前照灯旋钮开关熔断器 S24 熔断或电路中有断路(参照图 6-3)。

拔下前照灯旋钮开关插接器,将前照灯旋钮开关旋转至前照灯开启位置,然后使用万用表欧姆挡检测前照灯旋钮开关后方 1 号针脚与 4 号针脚是否导通,若导通,则说明前照灯旋钮开关没有损坏,否则说明前照灯旋钮开关损坏,应更换。

前照灯旋钮开关的原理如图 7-3 所示。

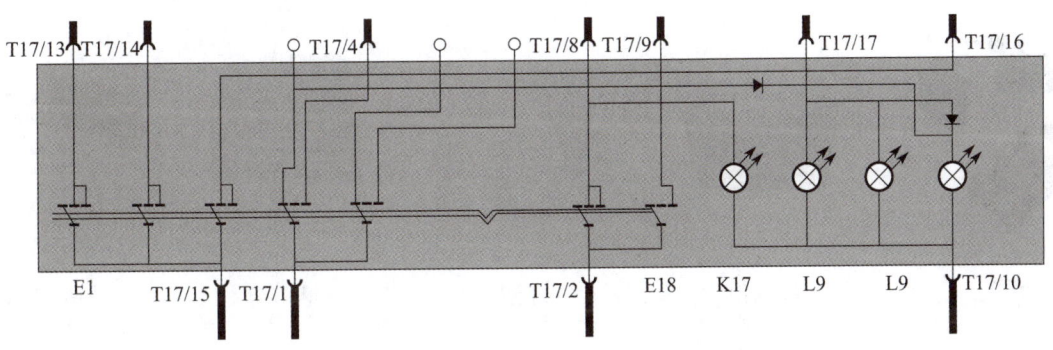

图 7-3　前照灯旋钮开关的原理

二、任务准备

在下列图片中勾选出完成本任务所需的工具、设备、资料等。

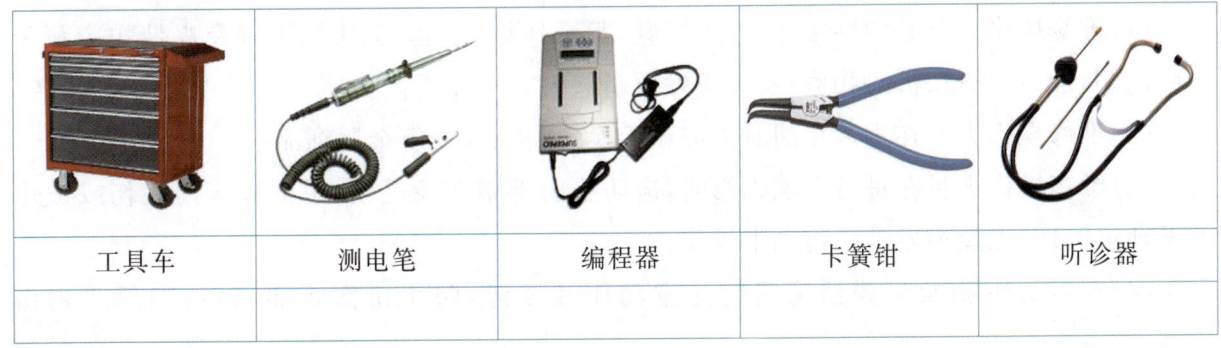

工具车	测电笔	编程器	卡簧钳	听诊器

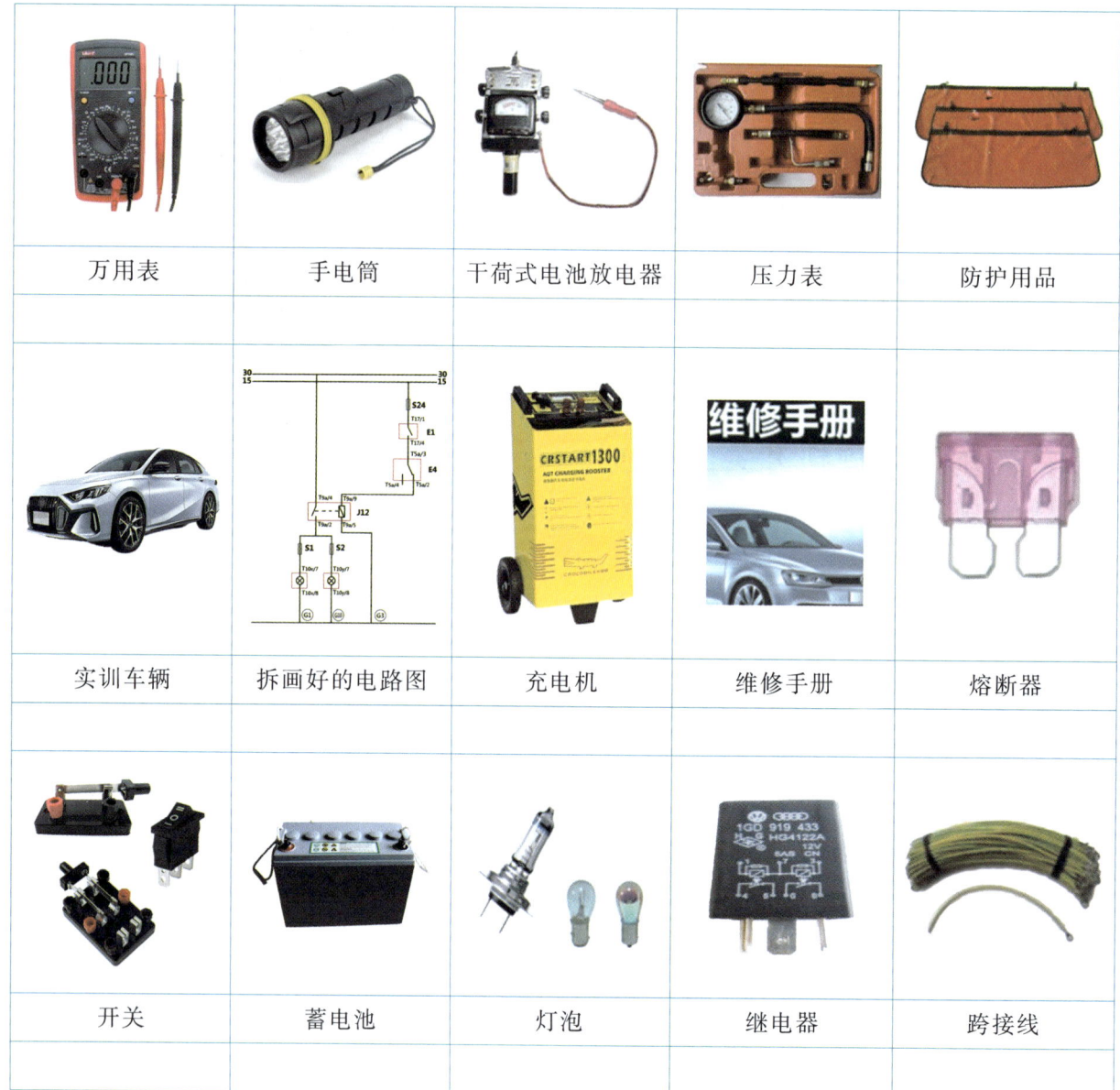

万用表	手电筒	干荷式电池放电器	压力表	防护用品
实训车辆	拆画好的电路图	充电机	维修手册	熔断器
开关	蓄电池	灯泡	继电器	跨接线

三、防护措施

(一)个人安全防护

(1)维修操作人员必须穿工作服、工作鞋,戴工作帽、手套;工作服拉链及皮带扣应藏于衣服内侧,袖口、领口、裤脚扣紧;女生长发要盘起藏在工作帽内。

(2)维修操作人员在进入车间时不应戴手表、戒指、项链等金属饰品。

(3)维修操作人员在进行车辆维修时,应防止脚部被车轮轧伤,手部被车门夹伤或被热的发动机烫伤,以及被发动机传动带绞伤。

(4)在搬运重物及尖锐器物时应注意动作和姿势,防止扭伤腰部、砸伤脚部或划伤手部。

(二)车辆/台架等设备安全

(1)车辆进入车间内,应停放至指定地点,关闭发动机,将变速器置于空挡位置,并拉紧驻车制动器,台架应将滑轮锁死或用木块固定。

(2)维修操作前,应铺设三件套及翼子板布。发动机启动前应确保其他人员远离车辆。

(3)操作电气设备时应注意用电安全。作业结束后,应及时切断一切用电设备的电源。

(4)操作前应熟读维修手册中的操作标准和台架、仪器、设备的使用标准,并做好日常维护工作。

(三)车间场地安全防护

(1)车间应配有干粉灭火器及相应的消防设施,易燃油品应存放在密封的金属罐中。

(2)应时刻注意将车间内的所有工具、零部件、设备、车辆等摆放整齐,工作结束后摆放于指定地点保管。

(3)车间内设备或车辆周围的人行道及工作区域必须保证足够的安全空间。

(4)操作过程中应做到油品、工具、配件三不落地,作业完毕应及时清理车间工作场地,做到现场 6S 管理。

四、任务分配

任务分配见表 7-1。

表 7-1　　　　　　　　　　　　　　　任务分配

职务	代码	姓名	工作内容
组长	A		
组员	B		
	C		
	D		
	E		
	F		

五、任务实施

(一)操作步骤

将表 7-2 中的工作内容补充完整。

表 7-2 操作步骤

步骤	项目	顺序	工作内容
1	安全防护与工作准备	1	铺设三件套及翼子板布
		2	
		3	
		4	
2	近光灯电路检查	1	
		2	
		3	拔下前照灯后方的插接器,检查其 7 号端子有无电源电压。若 7 号端子无电源电压,则说明熔断器与前照灯插头之间的线路存在断路或熔断器插接不实;若有电源电压,则进行下一步检查
		4	
3	继电器及继电器座检查	1	若在前照灯电路检查中,发现熔断器 S1、S2 处无电源电压,则应拔下继电器,检查继电器是否损坏。若继电器损坏,则更换继电器;若继电器正常,则进行下一步检查
		2	使用万用表 200 Ω 挡测量 3 号针脚与 7 号针脚之间的电阻,正常电阻值为 75 Ω 左右
		3	
		4	
		5	
		6	
		7	
		8	打开点火开关,使用万用表或试灯检查继电器座 T9a/4 号针脚有无 12 V 电压。若 T9a/4 号针脚无 12 V 电压,则说明该针脚与电源正极之间导线存在断路现象;若有 12 V 电压,则说明继电器座与继电器存在插接不良现象
4	灯光开关电路检查	1	若在继电器座检查中发现其 T9a/9 号针脚无 12 V 电压,则先检查熔断器 S24 有无熔断。若熔断器熔断,则进行更换;若熔断器正常,则使用万用表或试灯检查熔断器 S24 处有无 12 V 电压。若熔断器 S24 处无 12 V 电压,则检查点火开关电路;若有 12 V 电压,则进行下一步检查
		2	
		3	
		4	
		5	打开点火开关及前照灯旋钮开关,将变光开关置于近光灯位置,使用万用表蜂鸣挡检查变光开关下方的 3 号针脚与前照灯旋钮开关 2 号针脚是否导通。若两针脚不导通,则说明变光开关损坏,应进行更换;若导通,则说明变光开关插接器 2 号针脚与继电器 T9a/9 号针脚之间的导线存在断路或变光开关插接器插接不良

续表

步骤	项目	顺序	工作内容
5	点火开关 电路检查	1	使用万用表20 V挡检查熔断器S24处有无电源电压。若熔断器S24处无电源电压,则应拔下点火开关插接器,使用万用表或试灯检查插接器端子30有无电源电压。若端子30无电源电压,则说明其与蓄电池正极之间存在断路,应检查蓄电池正极柱和负极柱的连接情况及蓄电池上方熔断器有无熔断;若有电源电压,则进行下一步检查
		2	
6	整理	1	
		2	
		3	清理地面卫生

(二)实施记录

结合实施过程,对照表7-3的检查项目,勾选或填写实际的检查结果。

表 7-3　　　　　　　　　　　　　　　　　实施记录

序号	项目	检查结果	备注
1	测量蓄电池电压	电压值_____ V	
2	检查熔断器 S1	正常 □　熔断 □	
3	测量熔断器 S1 插脚电压	电压值_____ V	
4	检查熔断器 S2	正常 □　熔断 □	
5	测量熔断器 S2 插脚电压	电压值_____ V	
6	检查近光灯灯泡	正常 □　损坏 □	
7	检查近光灯插接器 7 号针脚电压	电压值_____ V	
8	检查搭铁点 G1/G10	接触良好 □　接触不良 □	
9	检查近光灯继电器	正常 □　损坏 □	
10	使用万用表蜂鸣挡检查继电器座的 T9a/2 号针脚与熔断器插脚是否导通	导通 □　不导通 □	
11	打开点火开关及前照灯旋钮开关,将变光开关置于近光灯位置,使用万用表或试灯检查继电器座的 T9a/9 号针脚有无 12 V 电压	有 □　无 □	
12	使用万用表蜂鸣挡检查继电器座的 T9a/5 号针脚与车身任意搭铁点是否导通	导通 □　不导通 □	
13	打开点火开关,使用万用表或试灯检查继电器座的 T9a/4 号针脚有无 12 V 电压	有 □　无 □	
14	检查熔断器 S24	正常 □　熔断 □	
15	测量熔断器 S24 插脚电压	电压值_____ V	

续表

序号	项目	检查结果	备注
16	打开点火开关,拆下前照灯旋钮开关并拔下插接器,使用万用表或试灯检查插接器端子的 T17/1 号针脚有无 12 V 电压	有 □　无 □	
17	将拆下的前照灯旋钮开关旋至前照灯开启位置,使用万用表蜂鸣挡检查前照灯旋钮开关后方的 1 号针脚与 4 号针脚是否导通	导通 □　不导通 □	
18	打开点火开关及前照灯旋钮开关,拔下变光开关插接器,使用万用表或试灯检查插接器端子的 3 号针脚有无 12 V 电压	有 □　无 □	
19	打开点火开关及前照灯旋钮开关,将变光开关置于近光灯位置,使用万用表蜂鸣挡检查变光开关下方的 3 号针脚与前照灯旋钮开关 2 号针脚是否导通	导通 □　不导通 □	
20	打开点火开关,使用万用表检查点火开关后方端子 30 与端子 15 是否导通	导通 □　不导通 □	

六、检查

(一)自检

结合本组任务操作过程,对任务执行过程中的操作规范性进行检查,检查操作过程中是否存在以下问题,分析、讨论应如何避免并总结规范的操作方法(表 7-4)。

表 7-4　　　　　　　　　　　　　　　自检

检查项目	结果
熔断器检查方法是否正确	是 □　否 □
熔断器座插脚电压检查方法是否正确	是 □　否 □
近光灯继电器检查方法是否正确	是 □　否 □
近光灯灯泡检查方法是否正确	是 □　否 □
搭铁点检查方法是否正确	是 □　否 □
线路导通情况检查方法是否正确	是 □　否 □
点火开关检查方法是否正确	是 □　否 □

(二)互检

组与组之间相互进行任务操作过程及结果检查,并把检查结果填写在表 7-5 中。

表 7-5　　　　　　　　　　　　　　　互检

检查项目	结果
熔断器检查方法是否正确	是 □　否 □

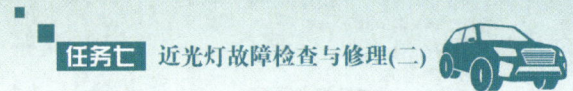

续表

检查项目	结果
熔断器座插脚电压检查方法是否正确	是 □ 否 □
近光灯继电器检查方法是否正确	是 □ 否 □
近光灯灯泡检查方法是否正确	是 □ 否 □
搭铁点检查方法是否正确	是 □ 否 □
线路导通情况检查方法是否正确	是 □ 否 □
点火开关检查方法是否正确	是 □ 否 □

七、课堂小结

微课动画

实操视频

汽车电器与电子系统检查与修理任务工单			
客户信息	姓名	电话	
车辆信息	车型	VIN	行驶里程

客户描述	制动灯不亮 ☐	近光灯不亮 ☐	远光灯不亮 ☐	雾灯不亮 ☐
	发动机加速无力 ☐	发动机无法启动 ☐	轮胎无气压 ☐	制动跑偏 ☐
	制动液液位偏低 ☐	蓄电池亏电 ☐	蓄电池充不上电 ☐	发电机不发电 ☐
	基本电路故障 ☐	变光开关损坏 ☐	玻璃升降器不工作 ☐	充电指示灯异常点亮 ☐
	其他:			

车辆外观检查		车辆内部检查	
凹凸 ☐		污渍 ☐	
划痕 ☐		破损 ☐	
石击 ☐		色斑 ☐	
油漆 ☐		变形 ☐	

明确具体工作任务	

能够对近光灯常见故障进行检查与修理
能够向客户解释近光灯故障的原因

点火开关的检查方法
变光开关、近光灯灯泡的检查方法

点火开关、变光开关的检查方法

近光灯电路故障排除

一、知识讲解

(一)点火开关的检查方法

拔下点火开关插接器,使用万用表电压挡检查点火开关插接器 30 号端子与接地线之间有无电源电压,若无电源电压,则说明点火开关前方电路断路。

将点火开关旋转至打开位置,使用万用表欧姆挡测量点火开关后的 15、30 号针脚,它们都应处于导通状态,否则,说明点火开关损坏。

点火开关的原理如图 8-1 所示。

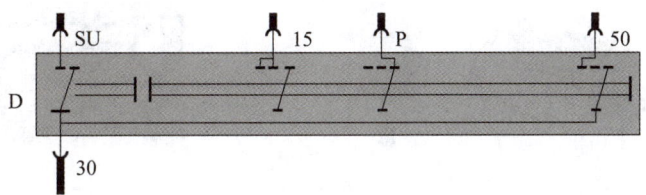

图 8-1　点火开关的原理

(二)变光开关的检查方法

拔下变光开关插接器插头,打开点火开关,将前照灯旋钮开关置于前照灯位置,然后使用万用表检查变光开关插接器插头上 3 号端子有无电源电压,则若无电源电压,则说明变光开关前方电路断路。

拔下变光开关插接器,检查变光开关后方 3 号针脚与 2 号针脚是否导通。若两针脚不导通,则向上扳动一下开关,再进行一次检查;若仍不导通,则说明变光开关损坏。变光开关的原理如图 8-2 所示。

(三)近光灯灯泡的检查方法

拆开前照灯灯罩后方的防水盖板,拆下近光灯灯泡,目视检查近光灯灯泡有无烧损。近光灯灯泡如图 8-3 所示。

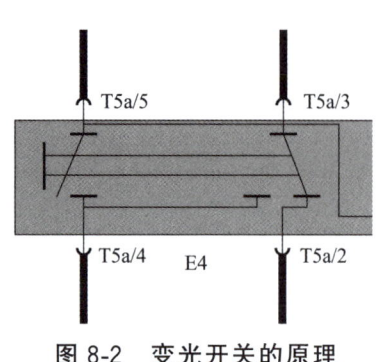

图 8-2　变光开关的原理

图 8-3　近光灯灯泡

二、任务准备

在下列图片中勾选出完成本任务所需的工具、设备、资料等。

 工具车	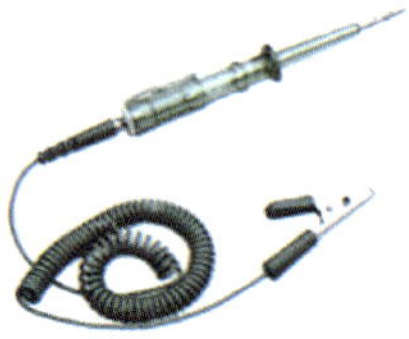 测电笔	 编程器	 卡簧钳	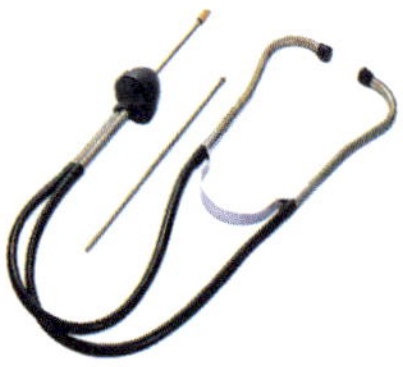 听诊器
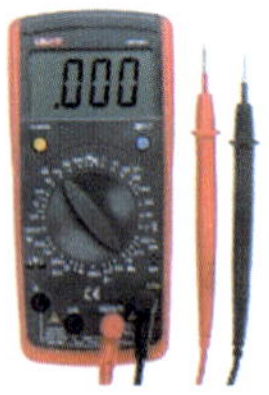 万用表	 手电筒	 干荷式电池放电器	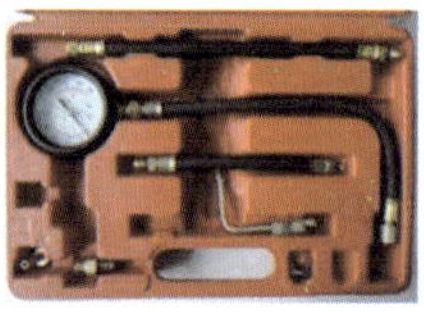 压力表	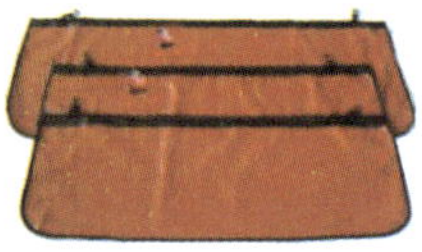 防护用品
 实训车辆	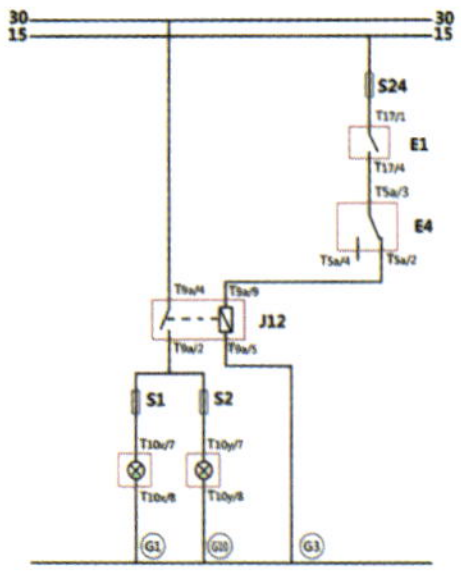 拆画好的电路图	 充电机	 维修手册	 熔断器

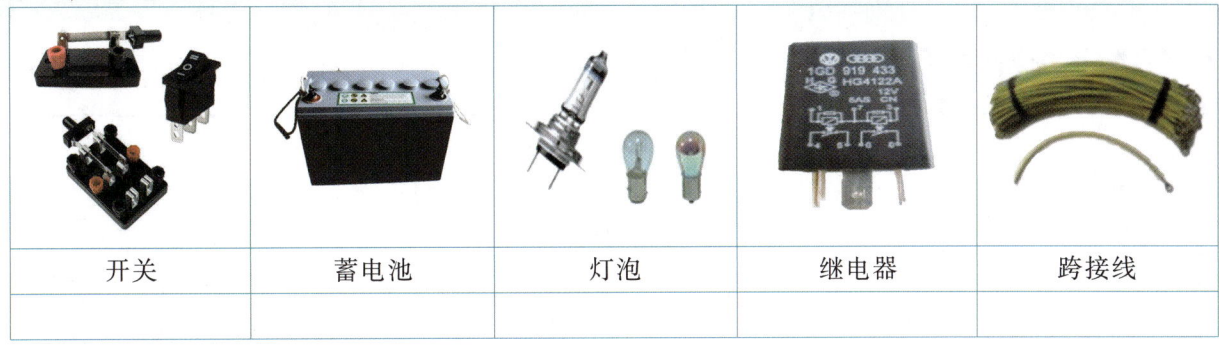

开关	蓄电池	灯泡	继电器	跨接线

三、防护措施

(一)个人安全防护

(1)维修操作人员必须穿工作服、工作鞋,戴工作帽、手套;工作服拉链及皮带扣应藏于衣服内侧,袖口、领口、裤脚扣紧;女生长发要盘起藏在工作帽内。

(2)维修操作人员在进入车间时不应戴手表、戒指、项链等金属饰品。

(3)维修操作人员在进行车辆维修时,应防止脚部被车轮轧伤,手部被车门夹伤或被热的发动机烫伤,以及被发动机传动带绞伤。

(4)在搬运重物及尖锐器物时应注意动作和姿势,防止扭伤腰部、砸伤脚部或划伤手部。

(二)车辆/台架等设备安全

(1)车辆进入车间内,应停放至指定地点,关闭发动机,将变速器置于空挡位置,并拉紧驻车制动器,台架应将滑轮锁死或用木块固定。

(2)维修操作前,应铺设三件套及翼子板布。发动机启动前应确保其他人员远离车辆。

(3)操作电气设备时应注意用电安全。作业结束后,应及时切断一切用电设备的电源。

(4)操作前应熟读维修手册中的操作标准和台架、仪器、设备的使用标准,并做好日常维护工作。

(三)车间场地安全防护

(1)车间应配有干粉灭火器及相应的消防设施,易燃油品应存放在密封的金属罐中。

(2)应时刻注意将车间内的所有工具、零部件、设备、车辆等摆放整齐,工作结束后摆放于指定地点保管。

(3)车间内设备或车辆周围的人行道及工作区域必须保证足够的安全空间。

(4)操作过程中应做到油品、工具、配件三不落地,作业完毕应及时清理车间工作场地,做到现场 6S 管理。

四、任务分配

任务分配见表 8-1。

表 8-1   **任务分配**

职务	代码	姓名	工作内容
组长	A		
组员	B		
	C		
	D		
	E		
	F		

五、任务实施

(一)操作步骤

将表 8-2 中的工作内容补充完整。

表 8-2   **操作步骤**

步骤	项目	顺序	工作内容
1	安全防护与检查前工作准备	1	铺设三件套及翼子板布
		2	
		3	
		4	
2	近光灯电路检查	1	
		2	
		3	拔下前照灯后方的插接器,检查其 7 号端子有无电源电压。若 7 号端子无电源电压,则说明熔断器与前照灯插头之间的线路存在断路或熔断器插接不实;若有电源电压,则进行下一步检查
		4	

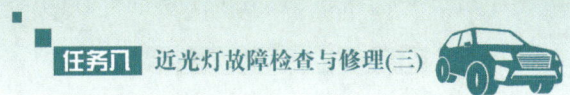

续表

步骤	项目	顺序	工作内容
3	继电器及 继电器座检查	1	若在前照灯电路检查中,发现熔断器 S1、S2 处无电源电压,则应拔下继电器,检查继电器是否损坏。若继电器损坏,则更换继电器;若继电器正常,则进行下一步检查
		2	使用万用表 200 Ω 挡测量 3 号针脚与 7 号针脚之间的电阻,正常电阻值为 75 Ω 左右
		3	
		4	
		5	
		6	
		7	
		8	打开点火开关,使用万用表或试灯检查继电器座 T9a/4 号针脚有无 12 V 电压。若 T9a/4 号针脚无 12 V 电压,则说明该针脚与电源正极之间导线存在断路现象;若有 12 V 电压,则说明继电器座与继电器存在插接不良现象
4	灯光开关 电路检查	1	若在继电器座检查中发现其 T9a/9 号针脚无 12 V 电压,则先检查熔断器 S24 有无熔断。若熔断器熔断,则进行更换;若熔断器正常,使用万用表或试灯检查熔断器 S24 处有无 12 V 电压。若熔断器 S24 处无 12 V 电压,则检查点火开关电路;若有 12 V 电压,则进行下一步检查
		2	
		3	
		4	
		5	打开点火开关及前照灯旋钮开关,将变光开关置于近光灯位置,使用万用表蜂鸣挡检查变光开关下方的 3 号针脚与前照灯旋钮开关 2 号针脚是否导通。若两针脚不导通,则说明变光开关损坏,应进行更换;若导通,则说明变光开关插接器 2 号针脚与继电器 T9a/9 号针脚之间的导线存在断路或变光开关插接器插接不良
5	点火开关 电路检查	1	使用万用表 20 V 挡检查熔断器 S24 处有无电源电压。若熔断器 S24 处无电源电压,则应拔下点火开关插接器,使用万用表或试灯检查插接器端子 30 有无电源电压。若端子 30 无电源电压,则说明其与蓄电池正极之间存在断路,应检查蓄电池正极柱和负极柱的连接情况及蓄电池上方熔断器有无熔断;若有电源电压,则进行下一步检查
		2	
6	整理	1	
		2	
		3	清理地面卫生

(二)实施记录

结合实施过程,对照表 8-3 的检查项目,勾选或填写实际的检查结果。

表 8-3　　　　　　　　　　　　实施记录

序号	项目	检查结果	备注
1	测量蓄电池电压	电压值_____ V	

续表

序号	项目	检查结果	备注
2	检查熔断器 S1	正常 □ 熔断 □	
3	测量熔断器 S1 插脚电压	电压值_____ V	
4	检查熔断器 S2	正常 □ 熔断 □	
5	测量熔断器 S2 插脚电压	电压值_____ V	
6	检查近光灯灯泡	正常 □ 损坏 □	
7	检查近光灯插接器 7 号针脚电压	电压值_____ V	
8	检查搭铁点 G1/G10	接触良好 □ 接触不良 □	
9	检查近光灯继电器	正常 □ 损坏 □	
10	使用万用表蜂鸣挡检查继电器座的 T9a/2 号针脚与熔断器插脚是否导通	导通 □ 不导通 □	
11	打开点火开关及前照灯旋钮开关,将变光开关置于近光灯位置,使用万用表或试灯检查继电器座的 T9a/9 号针脚有无 12 V 电压	有 □ 无 □	
12	使用万用表蜂鸣挡检查继电器座的 T9a/5 号针脚与车身任意搭铁点是否导通	导通 □ 不导通 □	
13	打开点火开关,使用万用表或试灯检查继电器座的 T9a/4 号针脚有无 12 V 电压	有 □ 无 □	
14	检查熔断器 S24	正常 □ 熔断 □	
15	测量熔断器 S24 插脚电压	电压值_____ V	
16	打开点火开关,拆下前照灯旋钮开关并拔下插接器,使用万用表或试灯检查插接器端子的 T17/1 号针脚有无 12 V 电压	有 □ 无 □	
17	将拆下的前照灯旋钮开关旋至前照灯开启位置,使用万用表蜂鸣挡检查前照灯旋钮开关后方的 1 号针脚与 4 号针脚是否导通	导通 □ 不导通 □	
18	打开点火开关及前照灯旋钮开关,拔下变光开关插接器,使用万用表或试灯检查插接器端子的 3 号针脚有无 12 V 电压	有 □ 无 □	
19	打开点火开关及前照灯旋钮开关,将变光开关置于近光灯位置,使用万用表蜂鸣挡检查变光开关下方的 3 号针脚与前照灯旋钮开关 2 号针脚是否导通	导通 □ 不导通 □	
20	打开点火开关,使用万用表检查点火开关后方端子 30 与端子 15 是否导通	导通 □ 不导通 □	

六、检查

(一)自检

结合本组任务操作过程,对任务执行过程中的操作规范性进行检查,检查操作过程中是否存在以下问题,分析、讨论应如何避免并总结规范的操作方法(表 8-4)。

表 8-4 自检

检查项目	结果
熔断器检查方法是否正确	是 ☐ 否 ☐
熔断器座插脚电压检查方法是否正确	是 ☐ 否 ☐
近光灯继电器检查方法是否正确	是 ☐ 否 ☐
近光灯灯泡检查方法是否正确	是 ☐ 否 ☐
搭铁点检查方法是否正确	是 ☐ 否 ☐
线路导通情况检查方法是否正确	是 ☐ 否 ☐
点火开关检查方法是否正确	是 ☐ 否 ☐

(二)互检

组与组之间相互进行任务操作过程及结果检查,并把检查结果填写在表 8-5 中。

表 8-5 互检

检查项目	结果
熔断器检查方法是否正确	是 ☐ 否 ☐
熔断器座插脚电压检查方法是否正确	是 ☐ 否 ☐
近光灯继电器检查方法是否正确	是 ☐ 否 ☐
近光灯灯泡检查方法是否正确	是 ☐ 否 ☐
搭铁点检查方法是否正确	是 ☐ 否 ☐
线路导通情况检查方法是否正确	是 ☐ 否 ☐
点火开关检查方法是否正确	是 ☐ 否 ☐

七、课堂小结

微课动画

实操视频

汽车电器与电子系统检查与修理任务工单			
客户信息	姓名		电话
车辆信息	车型	VIN	行驶里程

客户描述	制动灯不亮 □ 近光灯不亮 □ 远光灯不亮 □ 雾灯不亮 □
	发动机加速无力 □ 发动机无法启动 □ 轮胎无气压 □ 制动跑偏 □
	制动液液位偏低 □ 蓄电池亏电 □ 蓄电池充不上电 □ 发电机不发电 □
	基本电路故障 □ 变光开关损坏 □ 玻璃升降器不工作 □ 充电指示灯异常点亮 □
	其他：

车辆外观检查		车辆内部检查	
凹凸 □		污渍 □	
划痕 □		破损 □	
石击 □		色斑 □	
油漆 □		变形 □	

明确具体工作任务	

- 能够对远光灯常见故障进行检查与修理
- 能够向客户解释远光灯故障的原因

- 远光灯的定义及作用
- 远光灯电路拆画

- 远光灯电路拆画

- 远光灯电路检查及故障排除方法

一、知识讲解

(一)远光灯的定义及作用

远光灯与近光灯相同,都安装在车辆前方的前照灯灯罩中,如图 9-1 所示,其主要作用是在夜间行车时照亮远处的路面,以方便驾驶员根据远方路况及时采取应对措施。远光灯除了夜间照明使用外,在会车和超车时还可作为信号灯使用,以提醒对面行驶车辆或前方行驶车辆注意避让,如图 9-2 所示。

图 9-1 远光灯

图 9-2 车辆会车

(二)远光灯电路拆画

远光灯电路拆画方法与近光灯相似,也是分为两部分来完成——远光灯电路拆画与继电器电路拆画。

1.远光灯电路查询及拆画步骤

先在电路图《基本装备目录》中找到远光灯,通过对远光灯电路"顺藤摸瓜"找出远光灯的搭铁点 G1 和 G10;由远光灯电路向上,经过 S11 和 S12 两个熔断器,到达前照灯继电器 J12,然后经该继电器与蓄电池正极相连;将此电路中相关的电气元件按照原图在绘图纸上画出,再使用线条将其关系连接出来即可,如图 9-3 所示。

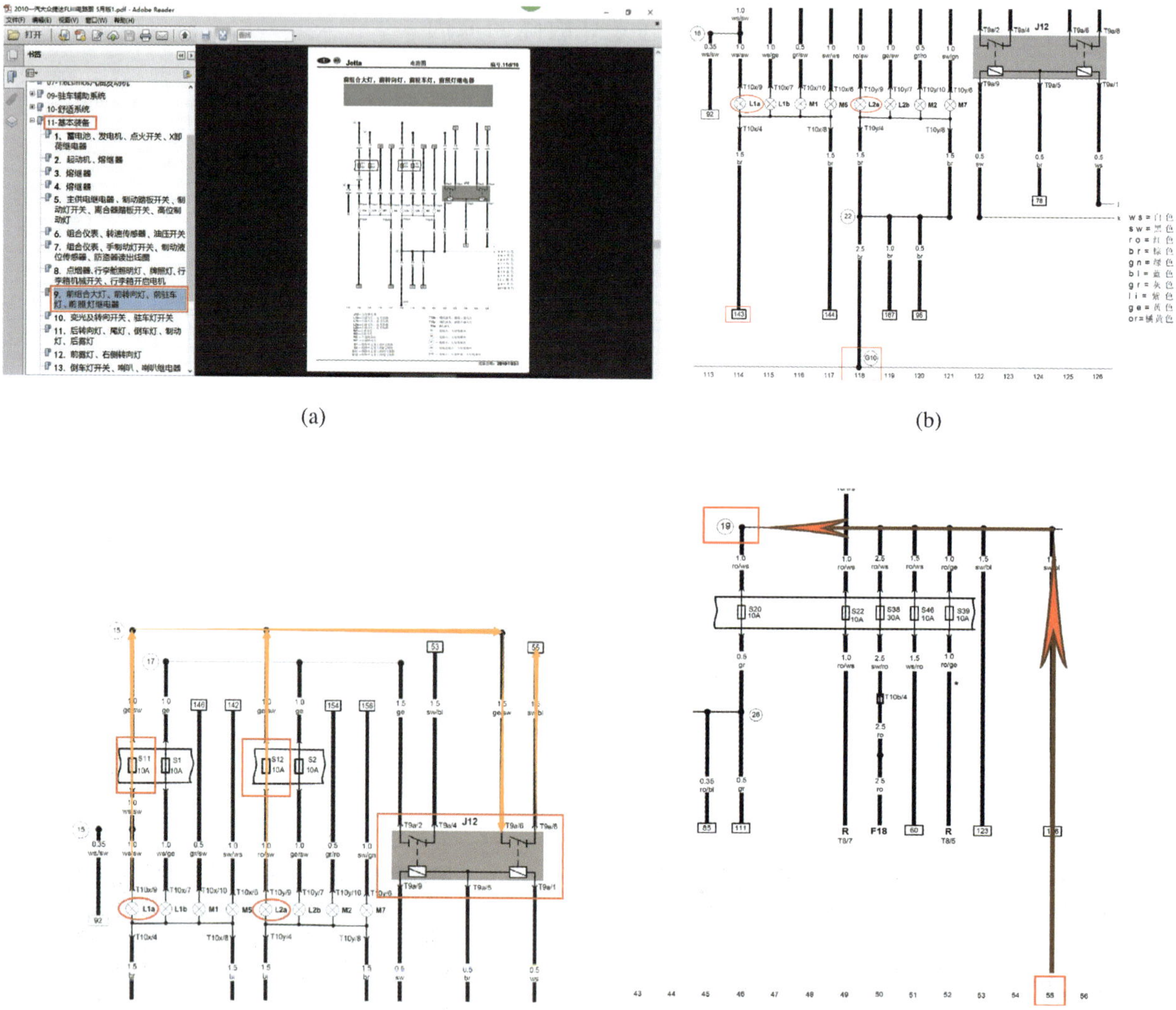

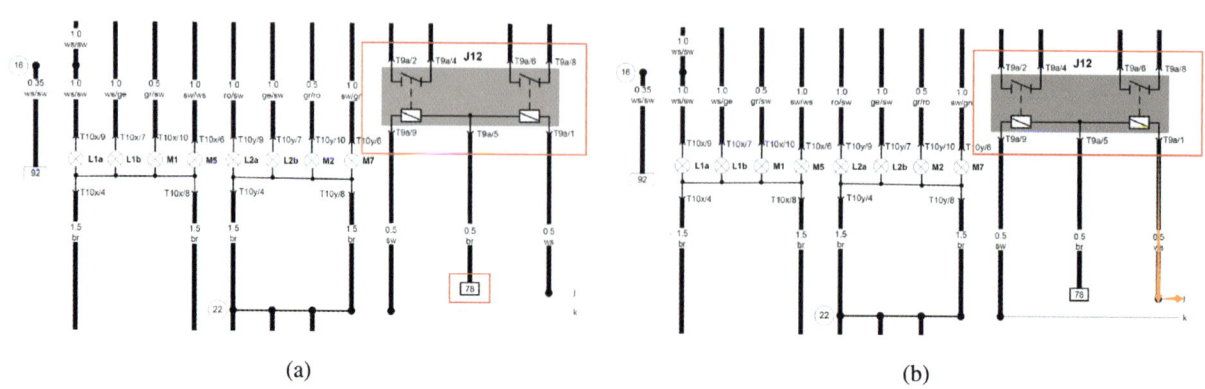

图 9-3　远光灯电路查询及拆画步骤

2.继电器电路查询及拆画步骤

先找到继电器,其电路通过搭铁点 G3 搭铁,向上则先经过变光开关 E4,然后经过熔断器 S29 到达点火开关 D,最后与蓄电池正极相连,如图 9-4 所示。

图 9-4　继电器电路查询及拆画步骤

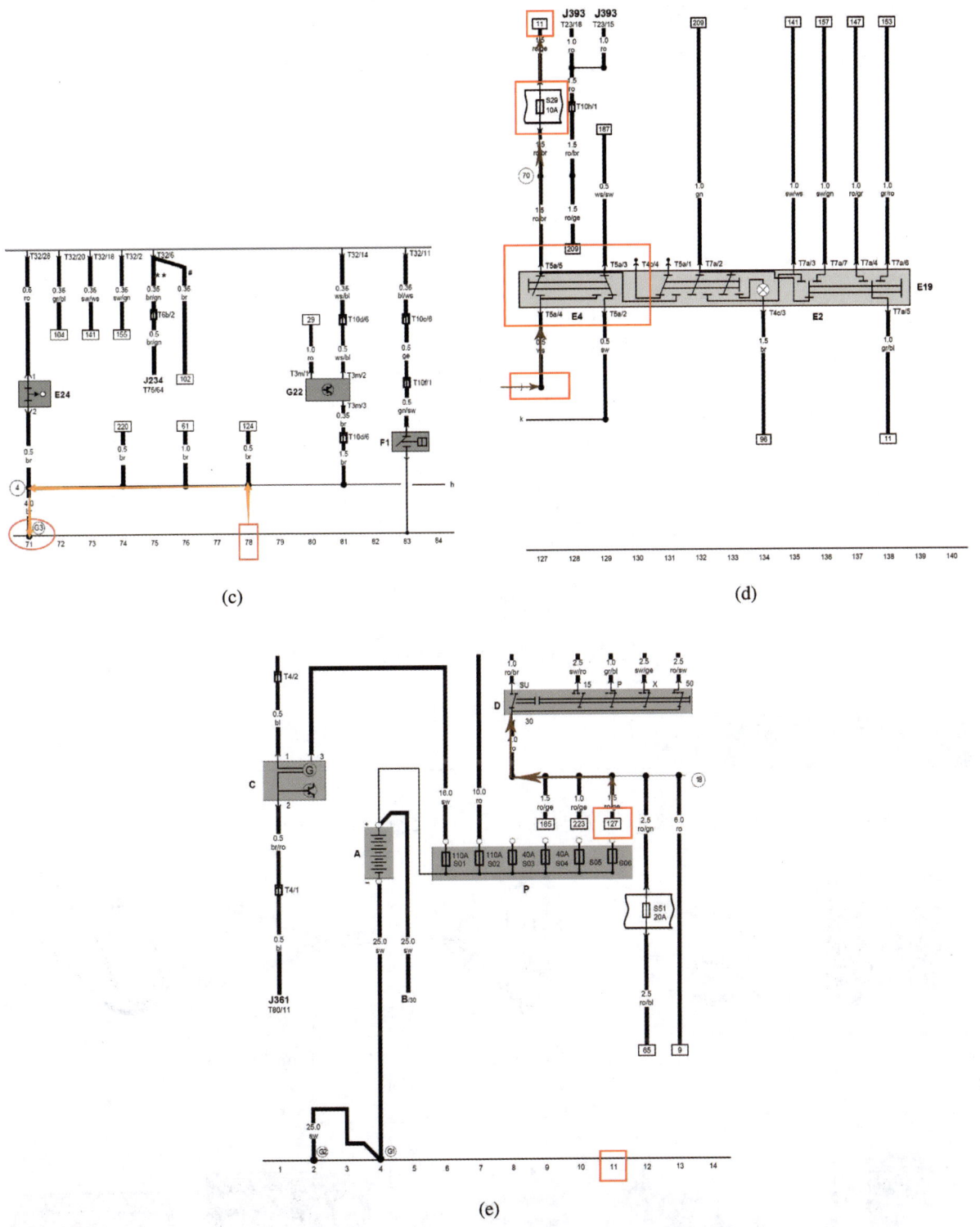

图 9-4 继电器电路查询及拆画步骤(续)

拆画完的远光灯电路图如图 9-5 所示。

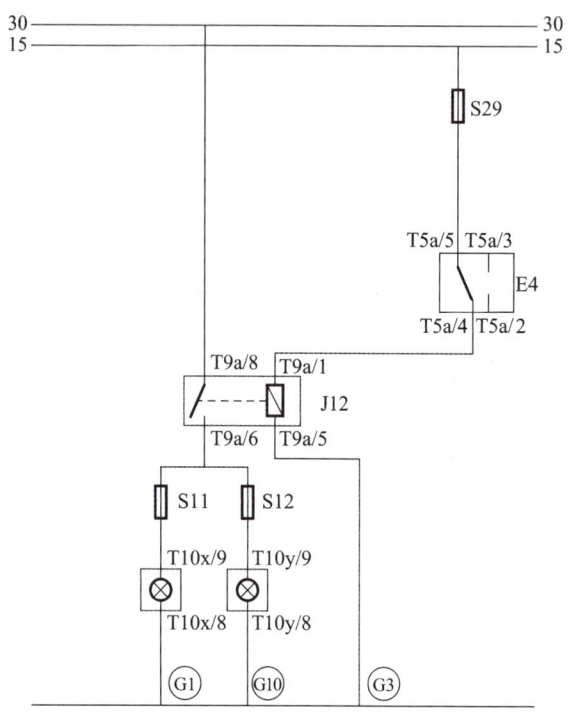

图 9-5　拆画完的远光灯电路图

二、任务准备

在下列图片中勾选出完成本任务所需的工具、设备、资料等。

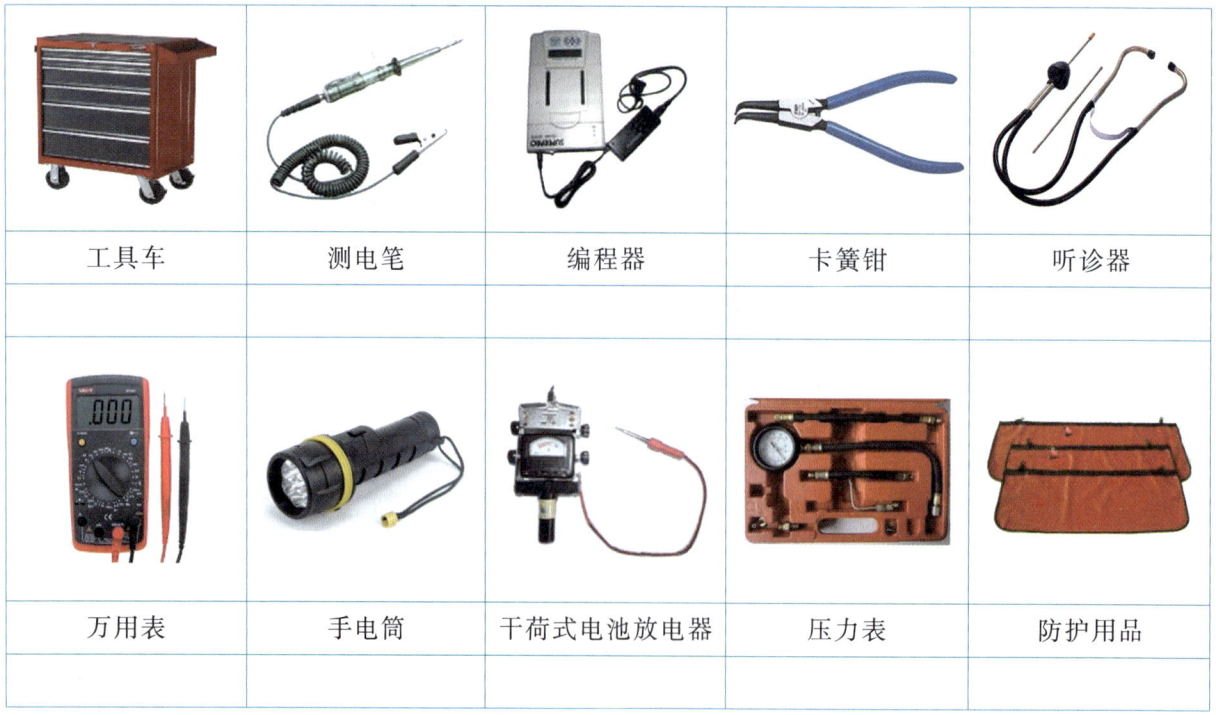

工具车	测电笔	编程器	卡簧钳	听诊器
万用表	手电筒	干荷式电池放电器	压力表	防护用品

实训车辆	拆画好的电路图	充电机	维修手册	熔断器
变光开关	点火开关	灯泡	继电器	跨接线

三、防护措施

(一)个人安全防护

(1)维修操作人员必须穿工作服、工作鞋,戴工作帽、手套;工作服拉链及皮带扣应藏于衣服内侧,袖口、领口、裤脚扣紧;女生长发要盘起藏在工作帽内。

(2)维修操作人员在进入车间时不应戴手表、戒指、项链等金属饰品。

(3)维修操作人员在进行车辆维修时,应防止脚部被车轮轧伤,手部被车门夹伤或被热的发动机烫伤,以及被发动机传动带绞伤。

(4)在搬运重物及尖锐器物时应注意动作和姿势,防止扭伤腰部、砸伤脚部或划伤手部。

(二)车辆/台架等设备安全

(1)车辆进入车间内,应停放至指定地点,关闭发动机,将变速器置于空挡位置,并拉紧驻车制动器,台架应将滑轮锁死或用木块固定。

(2)维修操作前,应铺设三件套及翼子板布。发动机启动前应确保其他人员远离车辆。

(3)操作电气设备时应注意用电安全。作业结束后,应及时切断一切用电设备的电源。

(4)操作前应熟读维修手册中的操作标准和台架、仪器、设备的使用标准,并做好日常维护工作。

(三)车间场地安全防护

(1)车间应配有干粉灭火器及相应的消防设施,易燃油品应存放在密封的金属罐中。

（2）应时刻注意将车间内的所有工具、零部件、设备、车辆等摆放整齐，工作结束后摆放于指定地点保管。

（3）车间内设备或车辆周围的人行道及工作区域必须保证足够的安全空间。

（4）操作过程中应做到油品、工具、配件三不落地，作业完毕应及时清理车间工作场地，做到现场 6S 管理。

四、任务分配

任务分配见表 9-1。

表 9-1　　　　　　　　　　　　　　　　　　任务分配

职务	代码	姓名	工作内容
组长	A		
组员	B		
	C		
	D		
	E		
	F		

五、任务实施

（一）操作步骤

将表 9-2 中的工作内容补充完整。

表 9-2　　　　　　　　　　　　　　　　　　操作步骤

步骤	项目	顺序	工作内容
1	安全防护与工作准备	1	铺设三件套及翼子板布
		2	
		3	
		4	
2	远光灯电路检查	1	拔下熔断器 S11 和 S12，检查熔丝有无熔断。若熔丝熔断，则应进行更换；若熔丝正常，则使用万用表检查熔断器 S11 和 S12 处有无电源电压（或使用试灯检查）。若插脚无电源电压，则检查继电器和继电器座；若有电源电压，则插回熔断器，进行下一步检查
		2	
		3	
		4	

步骤	项目	顺序	工作内容
3	继电器及继电器座检查	1	若在前照灯电路检查中,发现熔断器 S11、S12 处无电源电压,则应拔下继电器,检查继电器是否损坏。若继电器损坏,则更换继电器;若继电器正常,则进行下一步检查
		2	使用万用表 200 Ω 挡测量 1 号针脚与 7 号针脚之间的电阻,正常电阻值为 75 Ω 左右
		3	使用跨接线分别连接 1 号针脚与 7 号针脚,然后分别连接蓄电池正、负极,使继电器吸合
		4	使用万用表蜂鸣挡测量 4 号针脚与 5 号针脚是否导通
		5	
		6	
		7	
4	灯光开关电路检查	1	若在继电器座检查中发现其 T9a/1 号针脚无 12 V 电压,则先检查熔断器 S24 有无熔断。若熔断器熔断,则应进行更换;若熔断器正常,则使用万用表或试灯检查熔断器 S24 处有无 12 V 电压。若熔断器 S24 处无 12 V 电压,则应检查点火开关电路;若有 12 V 电压,则进行下一步检查
		2	
		3	拆下变光开关,将变光开关置于远光灯开启位置,使用万用表蜂鸣挡检查变光开关后方的 4 号针脚与 3 号针脚是否导通。若两针脚不导通,则说明变光开关损坏,应进行更换;若导通,则装回变光开关,进行下一步检查
		4	
		5	
		6	
5	点火开关电路检查	1	使用万用表 20 V 挡检查熔断器 S24 处有无电源电压。若熔断器 S24 处无电源电压,则应拔下点火开关插接器,使用万用表或试灯检查插接器端子 30 有无电源电压。若端子 30 无电源电压,则说明其与蓄电池正极之间存在断路,应检查蓄电池正极柱和负极柱的连接情况及蓄电池上方熔断器有无熔断;若有电源电压,则进行下一步检查
		2	
6	整理	1	将工具、设备整理归位
		2	将车辆复位
		3	清理地面卫生

（二）实施记录

结合实施过程,对照表 9-3 的检查项目,勾选或填写实际的检查结果。

表 9-3　　　　　　　　　　　　　　实施记录

序号	项目	检查结果	备注
1	测量蓄电池电压	电压值_____ V	
2	检查熔断器 S11	正常 □　熔断 □	

续表

序号	项目	检查结果	备注
3	测量熔断器 S11 插脚电压	电压值_____ V	
4	检查熔断器 S12	正常 □　熔断 □	
5	测量熔断器 S12 插脚电压	电压值_____ V	
6	检查远光灯灯泡	正常 □　损坏 □	
7	检查远光灯插接器 9 号针脚电压	电压值_____ V	
8	检查搭铁点 G1/G10	接触良好 □　接触不良 □	
9	检查远光灯继电器	正常 □　损坏 □	
10	使用万用表蜂鸣挡检查继电器座的 T9a/6 号针脚与熔断器插脚是否导通	导通 □　不导通 □	
11	使用万用表蜂鸣挡检查继电器座的 T9a/5 号针脚与车身任意搭铁点是否导通	导通 □　不导通 □	
12	打开点火开关,使用万用表或试灯检查继电器座 T9a/8 号针脚有无 12 V 电压	有 □　无 □	
13	检查熔断器 S24	正常 □　熔断 □	
14	测量熔断器 S24 插脚电压	电压值_____ V	
15	打开点火开关,拔下变光开关插接器,使用万用表或试灯检查插接器端子的 T5a/5 号针脚有无 12 V 电压	有 □　无 □	
16	拆下变光开关,将变光开关置于远光灯开启位置,使用万用表蜂鸣挡检查变光开关后方的 4 号针脚与 3 号针脚是否导通	导通 □　不导通 □	
17	拔下变光开关插接器,使用万用表蜂鸣挡检查其 4 号针脚与前照灯继电器 T9a/1 号针脚是否导通	导通 □　不导通 □	
18	关闭点火开关,轻抬变光开关,使用万用表或试灯检查继电器座的 T9a/1 号针脚有无 12 V 电压	有 □　无 □	
19	检查熔断器 S29	正常 □　熔断 □	
20	测量熔断器 S29 插脚电压	电压值_____ V	
21	拆下变光开关,轻抬变光开关,使用万用表蜂鸣挡检查变光开关后方的 4 号针脚与 3 号针脚是否导通	导通 □　不导通 □	
22	打开点火开关,使用万用表检查点火开关后方端子 30 与端子 15 是否导通	导通 □　不导通 □	

六、检查

(一)自检

　　结合本组任务操作过程,对任务执行过程中的操作规范性进行检查,检查操作过程中是否存在以下问题,分析、讨论应如何避免并总结规范的操作方法(表 9-4)。

表 9-4 自检

检查项目	结果
熔断器检查方法是否正确	是 □ 否 □
熔断器座插脚电压检查方法是否正确	是 □ 否 □
远光灯继电器检查方法是否正确	是 □ 否 □
远光灯灯泡检查方法是否正确	是 □ 否 □
搭铁点检查方法是否正确	是 □ 否 □
线路导通情况检查方法是否正确	是 □ 否 □
点火开关检查方法是否正确	是 □ 否 □

(二)互检

组与组之间相互进行任务操作过程及结果检查,并把检查结果填写在表 9-5 中。

表 9-5 互检

检查项目	结果
熔断器检查方法是否正确	是 □ 否 □
熔断器座插脚电压检查方法是否正确	是 □ 否 □
远光灯继电器检查方法是否正确	是 □ 否 □
远光灯灯泡检查方法是否正确	是 □ 否 □
搭铁点检查方法是否正确	是 □ 否 □
线路导通情况检查方法是否正确	是 □ 否 □
点火开关检查方法是否正确	是 □ 否 □

七、课堂小结

微课动画

实操视频

汽车电器与电子系统检查与修理任务工单			
客户信息	姓名	电话	
车辆信息	车型	VIN	行驶里程
客户描述	制动灯不亮 □　近光灯不亮 □　远光灯不亮 □　雾灯不亮 □ 发动机加速无力 □　发动机无法启动 □　轮胎无气压 □　制动跑偏 □ 制动液液位偏低 □　蓄电池亏电 □　蓄电池充不上电 □　发电机不发电 □ 基本电路故障 □　变光开关损坏 □　玻璃升降器不工作 □　充电指示灯异常点亮 □ 其他：_____ _____ _____		

车辆外观检查		车辆内部检查	
凹凸 □		污渍 □	
划痕 □		破损 □	
石击 □		色斑 □	
油漆 □		变形 □	

明确具体 工作任务	_____ _____ _____

 ● 能够对远光灯常见故障进行检查与修理
● 能够向客户解释远光灯故障的原因

 ● 远光灯电路控制原理
● 变光开关的检查方法

 ● 变光开关的检查方法

 ● 远光灯电路检查及故障排除方法

一、知识讲解

(一)远光灯电路控制原理

1.远光灯电路与近光灯电路的区别

与近光灯电路相同,远光灯电路同样受前照灯继电器的控制。不同的是,远光灯受前照灯继电器中远光灯继电器的控制,远光灯继电器的电源供给主要受变光开关的控制。

远光灯有夜间行车远光和会车(或超车)信号两种功能,因此,这两种功能打开远光的方式也不一样。

2.夜间行车远光灯的控制方法

夜间行车远光灯是在打开近光灯时,将近光灯切换为远光灯。它的控制原理与近光灯相同,只是电路在经过变光开关时,变光开关由近光开启位置接通到远光开启位置,将变光开关插接器中原来与2号针脚接通的3号针脚切换至与4号针脚接通,从而断开前照灯继电器中的近光灯继电器电路,接通前照灯继电器中的远光灯继电器电路。

当远光灯继电器电路接通后,继电器插接器上由蓄电池正极连接线8号端子过来的电流接通继电器插座的6号端子,并分别通往熔断器架的S11、S12号熔断器,接通两侧前照灯插接器的9号端子,经过两个远光灯灯泡后,由前照灯插接器的8号端子分别与G1和G10搭铁,并与蓄电池组成回路(参照图9-5)。

3.超车和会车信号灯的控制方法

超车和会车信号灯其实就是利用远光灯作为信号,照射前方或对面车辆驾驶员的视角,以提醒前方或对面车辆注意避让。

超车和会车的控制原理如下：

超车和会车时，首先将远光灯开关轻抬，将变光开关中的控制开关闭合，接通变光开关插接器的 5 号端子和 4 号端子，将由蓄电池到变光开关 5 号端子的正极连接线中的电流接通至前照灯继电器中的远光灯继电器，之后远光灯继电器中的开关闭合，从而使远光灯点亮。

(二)变光开关的检查方法

拔下变光开关插接器插头，打开点火开关，将前照灯旋钮开关置于前照灯位置，然后使用万用表检查变光开关插接器插头上 3 号端子有无电源电压，若无，则说明前方电路断路。使用万用表检查变光开关插接器插头上 5 号端子有无电源电压，若无，则说明熔断器 S29 熔断，或 5 号端子前方电路断路(参照图 9-5)。

拔下变光开关插接器，检查变光开关后方 3 号针脚与 4 号针脚是否导通。若两针脚不导通，则向上扳动一下开关，再进行一次检查；若仍不导通，则说明变光开关损坏。向上轻抬变光开关，检查变光开关后方 5 号针脚与 4 号针脚是否导通。若两针脚不导通，则说明变光开关损坏，应进行更换。

变光开关的原理如图 8-2 所示。

二、任务准备

在下列图片中勾选出完成本任务所需的工具、设备、资料等。

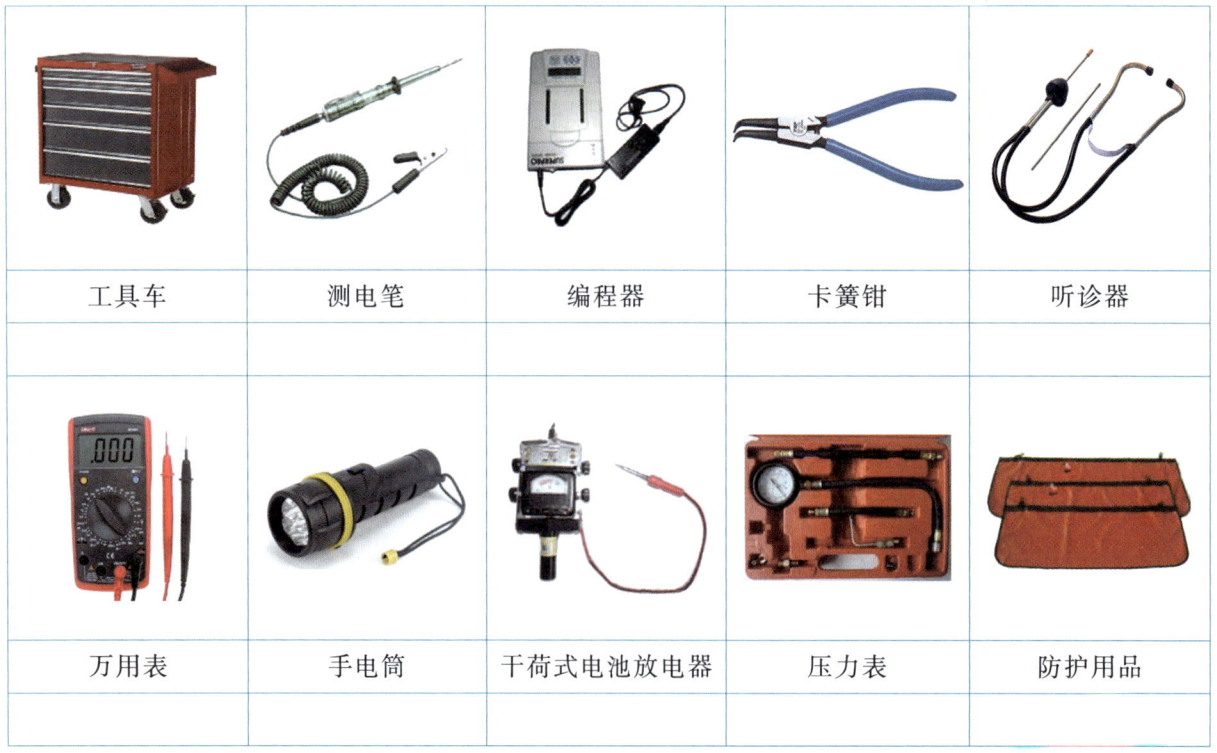

工具车	测电笔	编程器	卡簧钳	听诊器
万用表	手电筒	干荷式电池放电器	压力表	防护用品

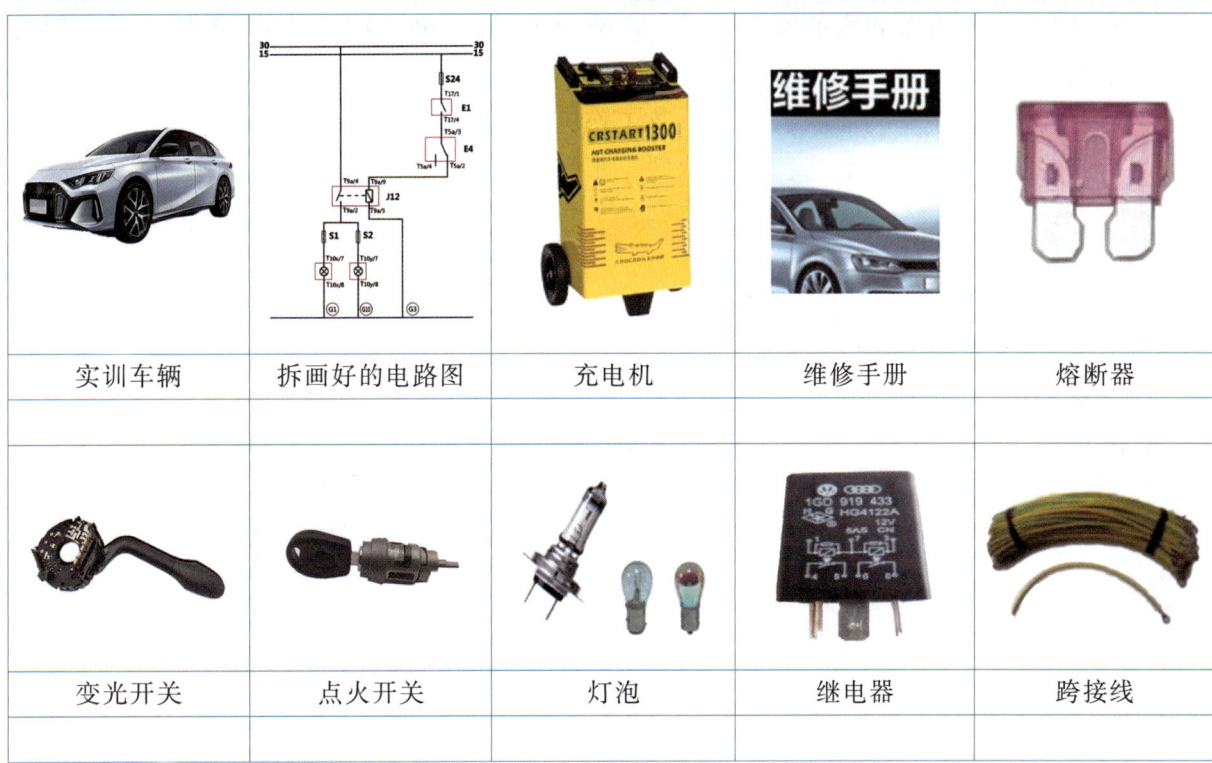

实训车辆	拆画好的电路图	充电机	维修手册	熔断器
变光开关	点火开关	灯泡	继电器	跨接线

三、防护措施

(一)个人安全防护

(1)维修操作人员必须穿工作服、工作鞋,戴工作帽、手套;工作服拉链及皮带扣应藏于衣服内侧,袖口、领口、裤脚扣紧;女生长发要盘起藏在工作帽内。

(2)维修操作人员在进入车间时不应戴手表、戒指、项链等金属饰品。

(3)维修操作人员在进行车辆维修时,应防止脚部被车轮轧伤,手部被车门夹伤或被热的发动机烫伤,以及被发动机传动带绞伤。

(4)在搬运重物及尖锐器物时应注意动作和姿势,防止扭伤腰部、砸伤脚部或划伤手部。

(二)车辆/台架等设备安全

(1)车辆进入车间内,应停放至指定地点,关闭发动机,将变速器置于空挡位置,并拉紧驻车制动器,台架应将滑轮锁死或用木块固定。

(2)维修操作前,应铺设三件套及翼子板布。发动机启动前应确保其他人员远离车辆。

(3)操作电气设备时应注意用电安全。作业结束后,应及时切断一切用电设备的电源。

(4)操作前应熟读维修手册中的操作标准和台架、仪器、设备的使用标准,并做好日常维护工作。

(三)车间场地安全防护

(1)车间应配有干粉灭火器及相应的消防设施,易燃油品应存放在密封的金属罐中。

（2）应时刻注意将车间内的所有工具、零部件、设备、车辆等摆放整齐,工作结束后摆放于指定地点保管。

（3）车间内设备或车辆周围的人行道及工作区域必须保证足够的安全空间。

（4）操作过程中应做到油品、工具、配件三不落地,作业完毕应及时清理车间工作场地,做到现场 6S 管理。

四、任务分配

任务分配见表 10-1。

表 10-1　　　　　　　　　　　　　　　　任务分配

职务	代码	姓名	工作内容
组长	A		
组员	B		
	C		
	D		
	E		
	F		

五、任务实施

（一）操作步骤

将表 10-2 中的工作内容补充完整。

表 10-2　　　　　　　　　　　　　　　　操作步骤

步骤	项目	顺序	工作内容
1	安全防护与工作准备	1	铺设三件套及翼子板布
		2	
		3	
		4	
2	远光灯电路检查	1	拔下熔断器 S11 和 S12,检查熔丝有无熔断。若熔丝熔断,则应进行更换;若熔丝正常,则使用万用表检查熔断器 S11 和 S12 处有无电源电压（或使用试灯检查）。若插脚无电源电压,则检查继电器和继电器座;若有电源电压,则插回熔断器,进行下一步检查
		2	
		3	
		4	

步骤	项目	顺序	工作内容
3	继电器及继电器座检查	1	若在前照灯电路检查中,发现熔断器 S11、S12 处无电源电压,则应拔下继电器,检查继电器是否损坏。若继电器损坏,则更换继电器;若继电器正常,则进行下一步检查
		2	使用万用表 200 Ω 挡测量 1 号针脚与 7 号针脚之间的电阻,正常电阻值为 75 Ω 左右
		3	使用跨接线分别连接 1 号针脚与 7 号针脚,然后分别连接蓄电池正、负极,使继电器吸合
		4	使用万用表蜂鸣挡测量 4 号针脚与 5 号针脚是否导通
		5	
		6	
		7	
4	灯光开关电路检查	1	若在继电器座检查中发现其 T9a/1 号针脚无 12 V 电压,则先检查熔断器 S24 有无熔断。若熔断器熔断,则应进行更换;若熔断器正常,则使用万用表或试灯检查熔断器 S24 处有无 12 V 电压。若熔断器 S24 处无 12 V 电压,则应检查点火开关电路;若有 12 V 电压,则进行下一步检查
		2	
		3	拆下变光开关,将变光开关置于远光灯开启位置,使用万用表蜂鸣挡检查变光开关后方的 4 号针脚与 3 号针脚是否导通。若两针脚不导通,则说明变光开关损坏,应进行更换;若导通,则装回变光开关,进行下一步检查
		4	
		5	
		6	
5	点火开关电路检查	1	使用万用表 20 V 挡检查熔断器 S24 处有无电源电压。若熔断器 S24 处无电源电压,应拔下点火开关插接器,使用万用表或试灯检查插接器端子 30 有无电源电压。若端子 30 无电源电压,则说明其与蓄电池正极之间存在断路,应检查蓄电池正极柱和负极柱的连接情况及蓄电池上方熔断器有无熔断;若有电源电压,则进行下一步检查
		2	
6	整理	1	将工具、设备整理归位
		2	将车辆复位
		3	清理地面卫生

(二)实施记录

结合实施过程,对照表 10-3 的检查项目,勾选或填写实际的检查结果。

表 10-3   **实施记录**

序号	项目	检查结果	备注
1	测量蓄电池电压	电压值_____ V	
2	检查熔断器 S11	正常 □　熔断 □	

续表

序号	项目	检查结果	备注
3	测量熔断器 S11 插脚电压	电压值_____ V	
4	检查熔断器 S12	正常 □　熔断 □	
5	测量熔断器 S12 插脚电压	电压值_____ V	
6	检查远光灯灯泡	正常 □　损坏 □	
7	检查远光灯插接器 9 号针脚电压	电压值_____ V	
8	检查搭铁点 G1/G10	接触良好 □　接触不良 □	
9	检查远光灯继电器	正常 □　损坏 □	
10	使用万用表蜂鸣挡检查继电器座的 T9a/6 号针脚与熔断器插脚是否导通	导通 □　不导通 □	
11	使用万用表蜂鸣挡检查继电器座的 T9a/5 号针脚与车身任意搭铁点是否导通	导通 □　不导通 □	
12	打开点火开关,使用万用表或试灯检查继电器座 T9a/8 号针脚有无 12 V 电压	有 □　无 □	
13	检查熔断器 S24	正常 □　熔断 □	
14	测量熔断器 S24 插脚电压	电压值_____ V	
15	打开点火开关,拔下变光开关插接器,使用万用表或试灯检查插接器端子的 T5a/5 号针脚有无 12 V 电压	有 □　无 □	
16	拆下变光开关,将变光开关置于远光灯开启位置,使用万用表蜂鸣挡检查变光开关后方的 4 号针脚与 3 号针脚是否导通	导通 □　不导通 □	
17	拔下变光开关插接器,使用万用表蜂鸣挡检查其 4 号针脚与前照灯继电器 T9a/1 号针脚是否导通	导通 □　不导通 □	
18	关闭点火开关,轻抬变光开关,使用万用表或试灯检查继电器座的 T9a/1 号针脚有无 12 V 电压	有 □　无 □	
19	检查熔断器 S29	正常 □　熔断 □	
20	测量熔断器 S29 插脚电压	电压值_____ V	
21	拆下变光开关,轻抬变光开关,使用万用表蜂鸣挡检查变光开关后方的 4 号针脚与 3 号针脚是否导通	导通 □　不导通 □	
22	打开点火开关,使用万用表检查点火开关后方端子 30 与端子 15 是否导通	导通 □　不导通 □	

六、检查

(一)自检

　　结合本组任务操作过程,对任务执行过程中的操作规范性进行检查,检查操作过程中是否存在以下问题,分析、讨论应如何避免并总结规范的操作方法(表 10-4)。

表 10-4   自检

检查项目	结果
熔断器检查方法是否正确	是 □ 否 □
熔断器座插脚电压检查方法是否正确	是 □ 否 □
远光灯继电器检查方法是否正确	是 □ 否 □
远光灯灯泡检查方法是否正确	是 □ 否 □
搭铁点检查方法是否正确	是 □ 否 □
线路导通情况检查方法是否正确	是 □ 否 □
点火开关检查方法是否正确	是 □ 否 □

(二)互检

组与组之间相互进行任务操作过程及结果检查,并把检查结果填写在表 10-5 中。

表 10-5   互检

检查项目	结果
熔断器检查方法是否正确	是 □ 否 □
熔断器座插脚电压检查方法是否正确	是 □ 否 □
远光灯继电器检查方法是否正确	是 □ 否 □
远光灯灯泡检查方法是否正确	是 □ 否 □
搭铁点检查方法是否正确	是 □ 否 □
线路导通情况检查方法是否正确	是 □ 否 □
点火开关检查方法是否正确	是 □ 否 □

七、课堂小结

微课动画

实操视频

汽车电器与电子系统检查与修理任务工单		
客户信息	姓名	电话
车辆信息	车型　　　　　　VIN　　　　　　行驶里程		

客户描述

制动灯不亮 ☐	近光灯不亮 ☐	远光灯不亮 ☐	雾灯不亮 ☐
发动机加速无力 ☐	发动机无法启动 ☐	轮胎无气压 ☐	制动跑偏 ☐
制动液液位偏低 ☐	蓄电池亏电 ☐	蓄电池充不上电 ☐	发电机不发电 ☐
基本电路故障 ☐	变光开关损坏 ☐	玻璃升降器不工作 ☐	充电指示灯异常点亮 ☐

其他：

_____

_____

_____

车辆外观检查	车辆内部检查
凹凸 ☐	污渍 ☐
划痕 ☐	破损 ☐
石击 ☐	色斑 ☐
油漆 ☐	变形 ☐

明确具体工作任务

_____

_____

_____

● 能够对远光灯常见故障进行检查与修理
● 能够向客户解释远光灯故障的原因

● 前照灯继电器、远光灯灯泡的检查方法

● 前照灯继电器的检查方法

● 远光灯电路检查及故障排除方法

一、知识讲解

(一)前照灯继电器的检查方法

将前照灯继电器从继电器座上拔下,打开点火开关和前照灯旋钮开关,并将变光开关切换至远光灯,然后检查继电器座上 1 号插孔有无电源电压。若 1 号插孔无电源电压,则说明继电器前方控制电路中有元件损坏或断路,还应使用万用表欧姆挡检查 5 号插孔与地是否接通,若未接通,则说明继电器座 5 号插孔对地线路断路。

拔下前照灯继电器,将其 7 号针脚和 3 号针脚分别与蓄电池的正、负极相连,使用万用表欧姆挡测量 6 号针脚和 8 号针脚是否导通,若未导通,则说明前照灯继电器损坏。

前照灯继电器的原理和针脚排列如图 7-2 所示。

(二)远光灯灯泡的检查方法

拆开前照灯灯罩后方的防水盖板,拆下远光灯灯泡,目视检查远光灯灯泡有无烧损。远光灯灯泡如图 11-1 所示。

图 11-1　远光灯灯泡

二、任务准备

在下列图片中勾选出完成本任务所需的工具、设备、资料等。

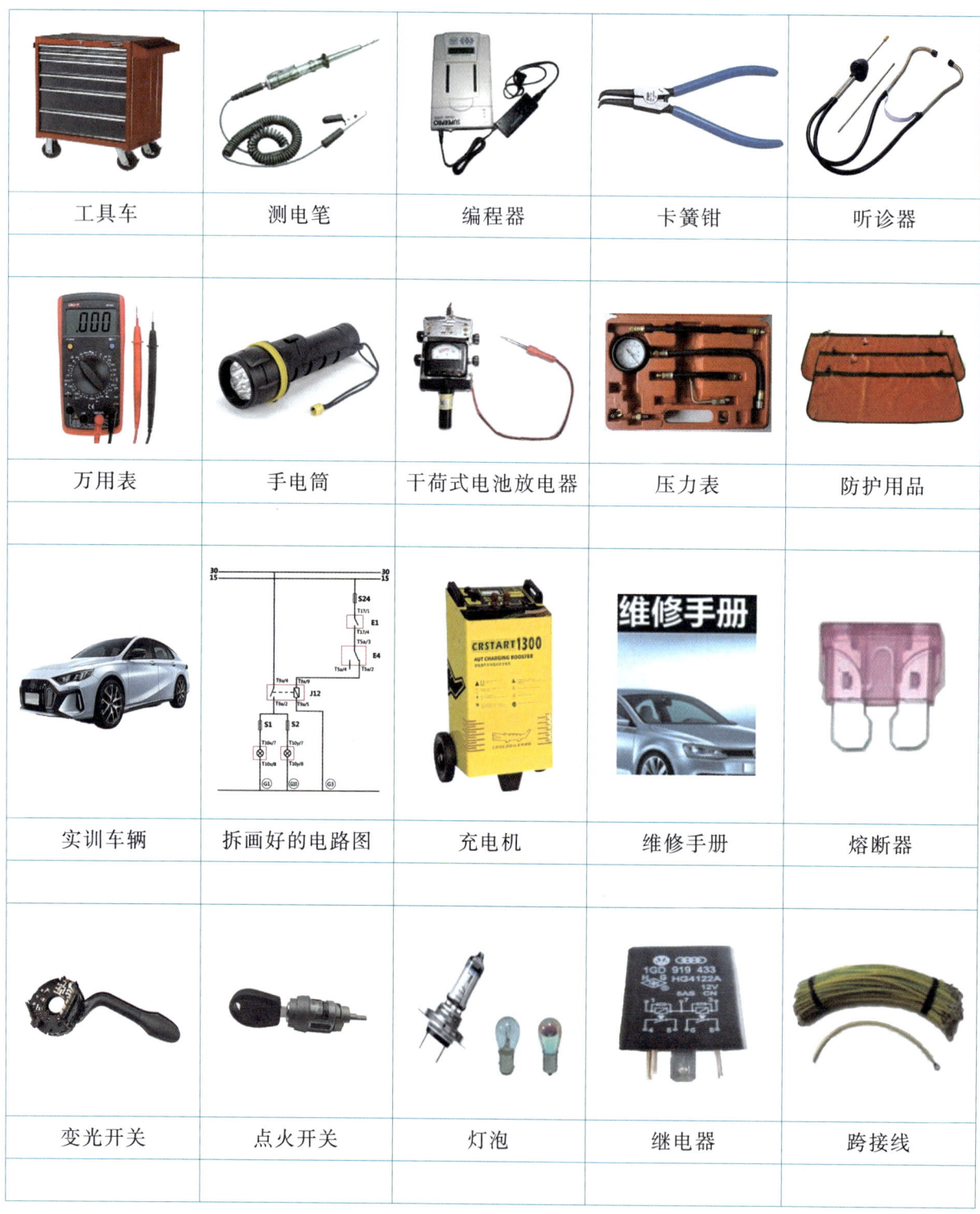

工具车	测电笔	编程器	卡簧钳	听诊器
万用表	手电筒	干荷式电池放电器	压力表	防护用品
实训车辆	拆画好的电路图	充电机	维修手册	熔断器
变光开关	点火开关	灯泡	继电器	跨接线

三、防护措施

(一)个人安全防护

(1)维修操作人员必须穿工作服、工作鞋,戴工作帽、手套;工作服拉链及皮带扣应藏于衣服内侧,袖口、领口、裤脚扣紧;女生长发要盘起藏在工作帽内。

(2)维修操作人员在进入车间时不应戴手表、戒指、项链等金属饰品。

(3)维修操作人员在进行车辆维修时,应防止脚部被车轮轧伤,手部被车门夹伤或被热的发动机烫伤,以及被发动机传动带绞伤。

(4)在搬运重物及尖锐器物时应注意动作和姿势,防止扭伤腰部、砸伤脚部或划伤手部。

(二)车辆/台架等设备安全

(1)车辆进入车间内,应停放至指定地点,关闭发动机,将变速器置于空挡位置,并拉紧驻车制动器,台架应将滑轮锁死或用木块固定。

(2)维修操作前,应铺设三件套及翼子板布。发动机启动前应确保其他人员远离车辆。

(3)操作电气设备时应注意用电安全。作业结束后,应及时切断一切用电设备的电源。

(4)操作前应熟读维修手册中的操作标准和台架、仪器、设备的使用标准,并做好日常维护工作。

(三)车间场地安全防护

(1)车间应配有干粉灭火器及相应的消防设施,易燃油品应存放在密封的金属罐中。

(2)应时刻注意将车间内的所有工具、零部件、设备、车辆等摆放整齐,工作结束后摆放于指定地点保管。

(3)车间内设备或车辆周围的人行道及工作区域必须保证足够的安全空间。

(4)操作过程中应做到油品、工具、配件三不落地,作业完毕应及时清理车间工作场地,做到现场 6S 管理。

四、任务分配

任务分配见表 11-1。

表 11-1   **任务分配**

职务	代码	姓名	工作内容
组长	A		
组员	B		
	C		
	D		
	E		
	F		

五、任务实施

（一）操作步骤

将表 11-2 中的工作内容补充完整。

表 11-2 操作步骤

步骤	项目	顺序	工作内容
1	安全防护与工作准备	1	铺设三件套及翼子板布
		2	
		3	
		4	
2	远光灯电路检查	1	拔下熔断器 S11 和 S12，检查熔丝有无熔断。若熔丝熔断，则应进行更换；若熔丝正常，则使用万用表检查熔断器 S11 和 S12 处有无电源电压（或使用试灯检查）。若插脚无电源电压，则检查继电器和继电器座；若有电源电压，则插回熔断器，进行下一步检查
		2	
		3	
		4	
3	继电器及继电器座检查	1	若在前照灯电路检查中，发现熔断器 S11、S12 处无电源电压，则应拔下继电器，检查继电器是否损坏。若继电器损坏，则更换继电器；若继电器正常，则进行下一步检查
		2	使用万用表 200 Ω 挡测量 1 号针脚与 7 号针脚之间的电阻，正常电阻值为 75 Ω 左右
		3	使用跨接线分别连接 1 号针脚与 7 号针脚，然后分别连接蓄电池正、负极，使继电器吸合
		4	使用万用表蜂鸣挡测量 4 号针脚与 5 号针脚是否导通
		5	
		6	
		7	
4	灯光开关电路检查	1	若在继电器座检查中发现其 T9a/1 号针脚无 12 V 电压，则先检查熔断器 S24 有无熔断。若熔断器熔断，则应进行更换；若熔断器正常，则使用万用表或试灯检查熔断器 S24 处有无 12 V 电压。若熔断器 S24 处无 12 V 电压，则应检查点火开关电路；若有 12 V 电压，则进行下一步检查
		2	
		3	拆下变光开关，将变光开关置于远光灯开启位置，使用万用表蜂鸣挡检查变光开关后方的 4 号针脚与 3 号针脚是否导通。若两针脚不导通，则说明变光开关损坏，应进行更换；若导通，则装回变光开关，进行下一步检查
		4	
		5	
		6	

步骤	项目	顺序	工作内容
5	点火开关电路检查	1	使用万用表 20 V 挡检查熔断器 S24 处有无电源电压。若熔断器 S24 处无电源电压,则应拔下点火开关插接器,使用万用表或试灯检查插接器端子 30 有无电源电压。若端子 30 无电源电压,则说明其与蓄电池正极之间存在断路,应检查蓄电池正极柱和负极柱的连接情况及蓄电池上方熔断器有无熔断;若有电源电压,则进行下一步检查
		2	
6	整理	1	将工具、设备整理归位
		2	将车辆复位
		3	清理地面卫生

(二)实施记录

结合实施过程,对照表 11-3 的检查项目,勾选或填写实际的检查结果。

表 11-3　　　　　　　　　　　　　　实施记录

序号	项目	检查结果	备注
1	测量蓄电池电压	电压值_____ V	
2	检查熔断器 S11	正常 □　熔断 □	
3	测量熔断器 S11 插脚电压	电压值_____ V	
4	检查熔断器 S12	正常 □　熔断 □	
5	测量熔断器 S12 插脚电压	电压值_____ V	
6	检查远光灯灯泡	正常 □　损坏 □	
7	检查远光灯插接器 9 号针脚电压	电压值_____ V	
8	检查搭铁点 G1/G10	接触良好 □　接触不良 □	
9	检查远光灯继电器	正常 □　损坏 □	
10	使用万用表蜂鸣挡检查继电器座的 T9a/6 号针脚与熔断器插脚是否导通	导通 □　不导通 □	
11	使用万用表蜂鸣挡检查继电器座的 T9a/5 号针脚与车身任意搭铁点是否导通	导通 □　不导通 □	
12	打开点火开关,使用万用表或试灯检查继电器座 T9a/8 号针脚有无 12 V 电压	有 □　无 □	
13	检查熔断器 S24	正常 □　熔断 □	
14	测量熔断器 S24 插脚电压	电压值_____ V	
15	打开点火开关,拔下变光开关插接器,使用万用表或试灯检查插接器端子的 T5a/5 号针脚有无 12 V 电压	有 □　无 □	
16	拆下变光开关,将变光开关置于远光灯开启位置,使用万用表蜂鸣挡检查变光开关后方的 4 号针脚与 3 号针脚是否导通	导通 □　不导通 □	

续表

序号	项目	检查结果	备注
17	拔下变光开关插接器,使用万用表蜂鸣挡检查其 4 号针脚与前照灯继电器 T9a/1 号针脚是否导通	导通 □　不导通 □	
18	关闭点火开关,轻抬变光开关,使用万用表或试灯检查继电器座的 T9a/1 号针脚有无 12 V 电压	有 □　　无 □	
19	检查熔断器 S29	正常 □　熔断 □	
20	测量熔断器 S29 插脚电压	电压值_____ V	
21	拆下变光开关,轻抬变光开关,使用万用表蜂鸣挡检查变光开关后方的 4 号针脚与 3 号针脚是否导通	导通 □　不导通 □	
22	打开点火开关,使用万用表检查点火开关后方端子 30 与端子 15 是否导通	导通 □　不导通 □	

六、检查

(一)自检

结合本组任务操作过程,对任务执行过程中的操作规范性进行检查,检查操作过程中是否存在以下问题,分析、讨论应如何避免并总结规范的操作方法(表 11-4)。

表 11-4　　　　　　　　　　　　自检

检查项目	结果
熔断器检查方法是否正确	是 □　否 □
熔断器座插脚电压检查方法是否正确	是 □　否 □
远光灯继电器检查方法是否正确	是 □　否 □
远光灯灯泡检查方法是否正确	是 □　否 □
搭铁点检查方法是否正确	是 □　否 □
线路导通情况检查方法是否正确	是 □　否 □
点火开关检查方法是否正确	是 □　否 □

(二)互检

组与组之间相互进行任务操作过程及结果检查,并把检查结果填写在表 11-5 中。

表 11-5　　　　　　　　　　　　互检

检查项目	结果
熔断器检查方法是否正确	是 □　否 □
熔断器座插脚电压检查方法是否正确	是 □　否 □
远光灯继电器检查方法是否正确	是 □　否 □
远光灯灯泡检查方法是否正确	是 □　否 □

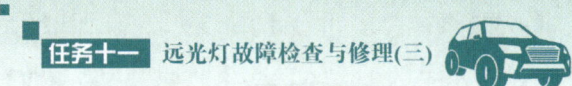

续表

检查项目	结果
搭铁点检查方法是否正确	是 □　否 □
线路导通情况检查方法是否正确	是 □　否 □
点火开关检查方法是否正确	是 □　否 □

七、课堂小结

微课动画

实操视频

汽车电器与电子系统检查与修理任务工单			
客户信息	姓名		电话
车辆信息	车型	VIN	行驶里程

客户描述

制动灯不亮 ☐	近光灯不亮 ☐	远光灯不亮 ☐	雾灯不亮 ☐
发动机加速无力 ☐	发动机无法启动 ☐	轮胎无气压 ☐	制动跑偏 ☐
制动液液位偏低 ☐	蓄电池亏电 ☐	蓄电池充不上电 ☐	发电机不发电 ☐
基本电路故障 ☐	变光开关损坏 ☐	玻璃升降器不工作 ☐	充电指示灯异常点亮 ☐

其他：

_____

_____

_____

车辆外观检查		车辆内部检查	
凹凸 ☐		污渍 ☐	
划痕 ☐		破损 ☐	
石击 ☐		色斑 ☐	
油漆 ☐		变形 ☐	

**明确具体
工作任务**

_____

_____

_____

- 能够检测并判断蓄电池的性能
- 能够对蓄电池进行充电维护
- 能够对客户解释蓄电池故障的原因

- 蓄电池的作用及结构
- 判断蓄电池亏电的方法
- 蓄电池的检查与维护
- 蓄电池的充电方法与更换方法

- 蓄电池的检查与维护

- 蓄电池的检查与维护

一、知识讲解

（一）蓄电池的作用

蓄电池的主要作用是在车辆停止时向全车用电器供电，并负责在车辆启动时向启动机提供强大的启动电流，因此，当车辆因启动无力而无法启动时，则可能是由于蓄电池亏电造成的。

（二）蓄电池的结构

现代汽车采用的蓄电池多为铅酸蓄电池，主要由极板、隔板、电解液、外壳、连接条和极柱（正极柱和负极柱）等组成。蓄电池的结构如图 12-1 所示。12 V 的蓄电池由 6 个单个的电池格串联而成，每个电池格的电压为 2 V。蓄电池中的极板分为正极板和负极板，极板主要由栅架和活性物质组成。正极板上的活性物质是二氧化铅（PbO_2），呈深棕色；负极板上的活性物质是纯铅（Pb），呈青灰色。正极板与负极板浸泡在 22%～28%的硫酸电解液中。

电池在放电时，负极板上的金属铅发生氧化反应，被氧化为硫酸铅；正极板上的二氧化铅发生还原反应，被还原为硫酸铅。电池在用直流电充电时，两极分别生成铅和二氧化铅。

蓄电池亏电主要有两个原因：一是蓄电池长期使用导致极板老化、表面物质脱落，或蓄电池内部电解液因蒸发、泄漏等现象，导致性能下降，储电量降低，从而引起亏电。二是车辆用电器短路，使蓄电池长期处于放电状态，这也会导致蓄电池亏电。因此，应定期对蓄电池进行检查与维护。

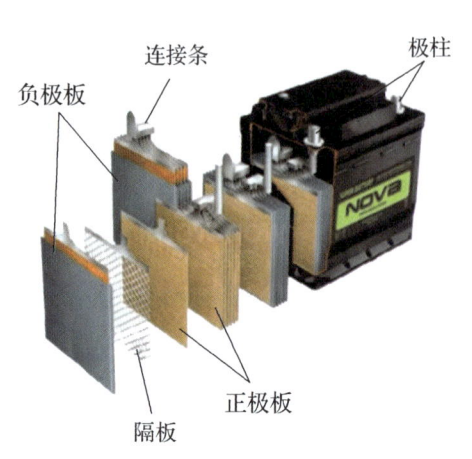
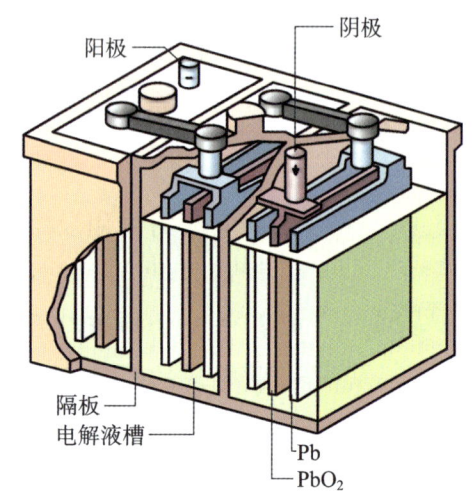

图 12-1　蓄电池的结构

（三）判断蓄电池亏电的方法

1.使用高率放电计检查蓄电池的性能

蓄电池的性能可通过高率放电计进行检测。在测量前,应对亏电的蓄电池进行充电操作,再进行检测。测量时用力将放电计触针抵牢蓄电池正、负极柱,保持 15 s。若蓄电池电压能保持在 9.6 V 以上,则说明电池性能良好;若电压稳定在 10.6～11.6 V,说明蓄电池存电充足;若在测试过程中电压迅速下降,则表示蓄电池已损坏。高率放电计及其使用方法如图 12-2 所示。

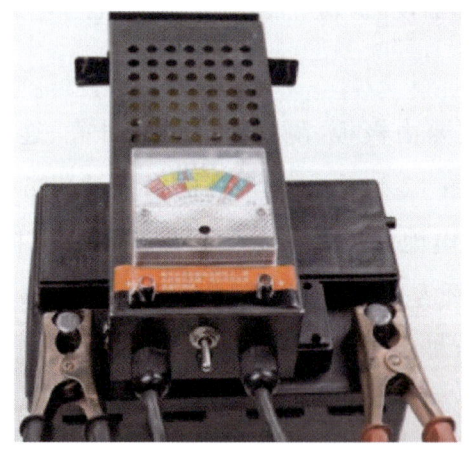

图 12-2　高率放电计及其使用方法

2.使用万用表检查车辆静态电流

当关闭点火开关后,因电路短路造成某些用电器无法停止工作,始终消耗蓄电池中的电量,从而导致下次启动时蓄电池亏电。遇到此类故障时,应及时检查并排除故障,防止因线路短路而导致车辆起火。

检查车辆静态电流时,应关闭车上的所有用电器,并关闭点火开关 15 min 以上。拔下蓄电池负极连接线,然后将万用表拨至 20 A 电流挡,将两表笔一端连接蓄电池正极,另一端连接蓄电池负极,观察表中读数,如图 12-3 所示。其读数应为 0.02~0.05 A,否则说明车辆有断路或未关闭的用电器。

图 12-3 车辆静态电流测量方法

(四)蓄电池的检查与维护

常用的铅酸蓄电池主要为普通铅酸蓄电池和免维护蓄电池。

普通铅酸蓄电池的特点是比能低、使用寿命短、日常维护频繁,电压稳定、价格便宜。免维护蓄电池电解液的消耗量非常小,在使用寿命内基本不需要补充蒸馏水,具有耐振、耐高温、体积小、自放电小、使用寿命长等特点。

普通铅酸蓄电池在使用中应定期检查电解液液位,及时对蓄电池的存电状况进行检查。除此之外,还应检查蓄电池外壳是否有裂纹、渗漏;检查电解液加注口塞是否损坏,如有损坏,则进行更换。检查电解液液位时,通过蓄电池外壳上的液位刻度检查其是否符合规定,正常液位应处于最高刻度线与最低刻度线之间。电解液液位检查如图 12-4 所示。

图 12-4 电解液液位检查

对于免维护蓄电池,在检查时主要检查蓄电池表面有无裂纹,还应通过观察孔检查蓄电池电量及蓄电池是否损坏。

蓄电池观察孔上显示绿色表示电量正常;显示黑色表示电量小,需要加电解液;显示白色表示蓄电池已损坏,需更换蓄电池。免维护蓄电池观察孔检查如图 12-5 所示。

图 12-5　免维护蓄电池观察孔检查

(五) 蓄电池的充电方法

目前,轿车使用的蓄电池多为免维护蓄电池,在车辆正常工作过程中,由发电机完成对蓄电池的充电。当蓄电池亏电时,可使用蓄电池充电机对蓄电池进行快速充电,以保证其能够正常工作。蓄电池充电方法如图 12-6 所示。

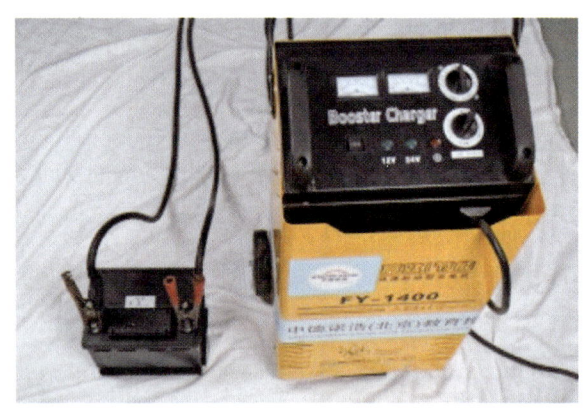

图 12-6　蓄电池充电方法

在使用蓄电池充电机对蓄电池进行充电时,应注意以下事项:

(1)应选择正确的充电电压,并将充电机的红色钳口夹在蓄电池正极柱上,黑色钳口夹在蓄电池负极柱上。

(2)充电时,应打开蓄电池电解液加注口塞,并保持室内通风良好,以免充电终了时释放大量的气体。

(3)充电时,应严禁烟火,防止充电释放的气体燃烧。

(4)充电过程中,应随时检查蓄电池的温度,切勿过热。

(5)充电机应避免在阳光下直射或下雨时露天使用,避免在较大灰尘或腐蚀性气体的环境中工作。

（六）蓄电池的更换方法

更换蓄电池时应按下述操作步骤进行：

（1）关闭点火开关并铺设翼子板布。

（2）先拆下蓄电池的负极柱卡箍，然后拆下蓄电池正极柱卡箍（注意采用绝缘措施，防止其搭铁短路）。

（3）松开蓄电池固定卡具或固定螺栓并取下蓄电池。

（4）关闭点火开关并铺设翼子板布。

（5）取下蓄电池极柱保护盖并清理蓄电池表面。

（6）先将蓄电池正极柱卡箍连接到蓄电池正极柱上，然后连接蓄电池负极柱卡箍并将正、负极柱卡箍固定。

（7）将工具复位。

二、任务准备

在下列图片中勾选出完成本任务所需的工具、设备、资料等。

工具车	测电笔	编程器	卡簧钳	手电筒
万用表	常用工具套装	干荷式电池放电器	压力表	防护用品

实训车辆	拆画好的电路图	充电机	维修手册	熔断器
开关	蓄电池	灯泡	亏电的蓄电池	跨接线

三、防护措施

（一）个人安全防护

（1）维修操作人员必须穿工作服、工作鞋,戴工作帽、手套;工作服拉链及皮带扣应藏于衣服内侧,袖口、领口、裤脚扣紧;女生长发要盘起藏在工作帽内。

（2）维修操作人员在进入车间时不应戴手表、戒指、项链等金属饰品。

（3）维修操作人员在进行车辆维修时,应防止脚部被车轮轧伤,手部被车门夹伤或被热的发动机烫伤,以及被发动机传动带绞伤。

（4）在搬运重物及尖锐器物时应注意动作和姿势,防止扭伤腰部、砸伤脚部或划伤手部。

（二）车辆/台架等设备安全

（1）车辆进入车间内,应停放至指定地点,关闭发动机,将变速器置于空挡位置,并拉紧驻车制动器,台架应将滑轮锁死或用木块固定。

（2）维修操作前,应铺设三件套及翼子板布。发动机启动前应确保其他人员远离车辆。

（3）操作电气设备时应注意用电安全。作业结束后,应及时切断一切用电设备的电源。

（4）操作前应熟读维修手册中的操作标准和台架、仪器、设备的使用标准,并做好日常

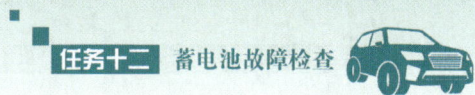

维护工作。

(三)车间场地安全防护

(1)车间应配有干粉灭火器及相应的消防设施,易燃油品应存放在密封的金属罐中。

(2)应时刻注意将车间内的所有工具、零部件、设备、车辆等摆放整齐,工作结束后摆放于指定地点保管。

(3)车间内设备或车辆周围的人行道及工作区域必须保证足够的安全空间。

(4)操作过程中应做到油品、工具、配件三不落地,作业完毕应及时清理车间工作场地,做到现场 6S 管理。

四、任务分配

任务分配见表 12-1。

表 12-1　　　　　　　　　　　　　任务分配

职务	代码	姓名	工作内容
组长	A		
组员	B		
	C		
	D		
	E		
	F		

五、任务实施

(一)操作步骤

将表 12-2 中的工作内容补充完整。

表 12-2　　　　　　　　　　　　　操作步骤

步骤	项目	顺序	工作内容
1	安全防护与工作准备	1	将车辆驶入工位停好,将变速器置于空挡,熄火并拉紧驻车制动器
		2	铺设三件套
		3	
		4	

续表

步骤	项目	顺序	工作内容
2	蓄电池的拆卸	1	使用 10 mm 套管拆卸蓄电池负极柱卡箍固定螺栓，并取下卡箍
		2	
		3	
3	蓄电池的安装	1	
		2	
		3	安装蓄电池负极柱卡箍，并使用 10 mm 套管紧固固定螺栓
4	蓄电池安装后测试	1	启动发动机，测试发动机是否能够正常启动
		2	调整时间
		3	
5	车辆静态电流测量	1	将万用表调至 20 A 电流挡，将红色表笔插入 20 A 工作孔
		2	
		3	
		4	
		5	车辆静态电流正常为 30～50 mA。该车用电器全部停止工作后，测量该车辆静态电流值为 0 mA（车辆不同，测量数值不同）
		6	测量完毕，使用 10 mm 套管紧固蓄电池负极柱卡箍
6	蓄电池放电率测量	1	
		2	
		3	
7	蓄电池充电	1	将蓄电池充电机正极线接充电机背部 12 V 端子，负极线接充电端子
		2	
		3	
		4	

（二）实施记录

结合实施过程，对照表 12-3 的检查项目，勾选或填写实际的检查结果。

表 12-3　　　　　　　　　　　　　实施记录

序号	项目	检查结果	备注
1	测量蓄电池电压	电压值_____ V	
2	测量车辆静态电流	电流值_____ mA	
3	测量蓄电池放电率，观察放电计指针位置	绿色区域 □　黄色区域 □　红色区域 □	

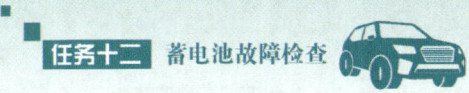
六、检查

（一）自检

结合本组任务操作过程，对任务执行过程中的操作规范性进行检查，检查操作过程中是否存在以下问题，分析、讨论应如何避免并总结规范的操作方法（表 12-4）。

表 12-4 自检

检查项目	结果
车辆静态电流测量方法是否正确	是 □ 否 □
蓄电池放电率测量方法是否正确	是 □ 否 □
蓄电池充电机挡位（12 V/24 V）选择是否正确	是 □ 否 □
蓄电池充电机充电夹连接方法是否正确	是 □ 否 □

（二）互检

组与组之间相互进行任务操作过程及结果检查，并把检查结果填写在表 12-5 中。

表 12-5 互检

检查项目	结果
车辆静态电流测量方法是否正确	是 □ 否 □
蓄电池放电率测量方法是否正确	是 □ 否 □
蓄电池充电机挡位（12 V/24 V）选择是否正确	是 □ 否 □
蓄电池充电机充电夹连接方法是否正确	是 □ 否 □

七、课堂小结

微课动画

实操视频

任务十三 发电机拆装与分解

汽车电器与电子系统检查与修理任务工单			
客户信息	姓名		电话
车辆信息	车型	VIN	行驶里程

客户描述

制动灯不亮 □ 近光灯不亮 □ 远光灯不亮 □ 雾灯不亮 □
发动机加速无力 □ 发动机无法启动 □ 轮胎无气压 □ 制动跑偏 □
制动液液位偏低 □ 蓄电池亏电 □ 蓄电池充不上电 □ 发电机不发电 □
基本电路故障 □ 变光开关损坏 □ 玻璃升降器不工作 □ 充电指示灯异常点亮 □
其他：

_____

_____

_____

车辆外观检查	车辆内部检查
凹凸 □	污渍 □
划痕 □	破损 □
石击 □	色斑 □
油漆 □	变形 □

明确具体工作任务

_____

_____

_____

- 能够正确使用工具对发电机进行分解检查
- 能够根据发电机的检查结果判断其损坏原因
- 能够向客户解释发电机故障的原因

- 发电机的作用及安装位置
- 发电机的组成与工作原理
- 发电机拆装操作步骤
- 发电机的检查方法

- 发电机的工作原理

- 发电机的拆装与检查

一、知识讲解

(一)发电机的作用及安装位置

发电机是汽车的主要电源,其作用是在发动机正常运转时(怠速以上)向所有用电设备(启动机除外)供电,同时向蓄电池充电。汽车上所用的发电机大多为三相交流发电机。发电机安装在发动机前方的发电机支架上,由曲轴通过发电机传动带带动运转。

(二)发电机的组成与工作原理

1.发电机的组成

发电机通常由定子总成、转子总成、整流器总成、端盖、散热风扇及带轮等部件组成,其中定子总成、转子总成、整流器总成和端盖如图 13-1 所示。

(a) 定子总成　　　(b) 转子总成　　　(c) 整流器总成　　　(d) 端盖

图 13-1　发动机的主要组成

2.发电机的工作原理

外电路通过电刷使转子线圈通电,同时产生磁场,使转子旋转。转子一旦旋转,定子绕组就会切割磁力线,在其内部产生互差 120°电度角的正弦电动势,即三相交流电,再经由二极管组成的整流器变为直流电输出。发电机的工作原理如图 13-2 所示。

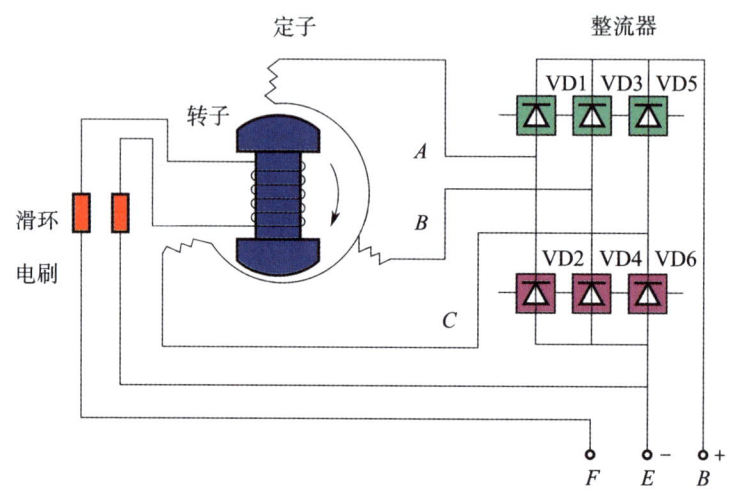

图 13-2　发电机的工作原理

(三)发电机拆装操作步骤

发电机的拆装操作步骤如下:

(1)拆下蓄电池负极连接导线。

(2)拔下发电机插接器插头。

(3)拆下发电机正极柱螺母并拆下正极连接线。

(4)松开发电机张紧器并拆下发电机传动带。

(5)拆下发电机固定螺栓,取下发电机。

(6)按与拆卸相反的顺序进行安装。

(四)发电机的检查方法

发电机各组成的检查方法如下:

1.发电机转线圈

(1)检查转子铁芯表面有无偏磨、扫膛现象。

(2)使用万用表最大欧姆挡检查滑环与转子铁芯之间的电阻值,应为∞。

(3)使用万用表检查滑环之间的阻值,应符合规定值。

2.发电机定子线圈

(1)使用万用表欧姆挡检查发电机定子线圈三个接线柱之间的电阻值,两两检查,其电阻值应相同。

(2)使用万用表最大欧姆挡检查定子线圈任意接线柱与定子铁芯之间的阻值,应为∞。

(3)检查定子线圈内壁有无磨损、扫膛现象。

3.发电机整流器

（1）使用万用表二极管挡检查发电机正、负极整流板上的二极管是否正常。

（2）使用万用表最大欧姆挡检查正、负极整流板之间的电阻值，应为∞。

4.其他检查项目

（1）检查发电机电刷长度是否正常，电刷弹簧弹力是否良好。

（2）检查发电机前、后轴承是否运转自如，轴承有无卡滞、松旷现象。

二、任务准备

在下列图片中勾选出完成本任务所需的工具、设备、资料等。

工具车	测电笔	编程器	卡簧钳	扭力扳手
万用表	手电筒	干荷式电池放电器	压力表	防护用品
实训车辆	举升机	维修手册	发电机	发电机传动带

三、防护措施

（一）个人安全防护

（1）维修操作人员必须穿工作服、工作鞋，戴工作帽、手套；工作服拉链及皮带扣应藏于衣服内侧，袖口、领口、裤脚扣紧；女生长发要盘起藏在工作帽内。

（2）维修操作人员在进入车间时不应戴手表、戒指、项链等金属饰品。

（3）维修操作人员在进行车辆维修时，应防止脚部被车轮轧伤，手部被车门夹伤或被热的发动机烫伤，以及被发动机传动带绞伤。

（4）在搬运重物及尖锐器物时应注意动作和姿势，防止扭伤腰部、砸伤脚部或划伤手部。

（二）车辆/台架等设备安全

（1）车辆进入车间内，应停放至指定地点，关闭发动机，将变速器置于空挡位置，并拉紧驻车制动器，台架应将滑轮锁死或用木块固定。

（2）维修操作前，应铺设三件套及翼子板布。发动机启动前应确保其他人员远离车辆。

（3）操作电气设备时应注意用电安全。作业结束后，应及时切断一切用电设备的电源。

（4）操作前应熟读维修手册中的操作标准和台架、仪器、设备的使用标准，并做好日常维护工作。

（三）车间场地安全防护

（1）车间应配有干粉灭火器及相应的消防设施，易燃油品应存放在密封的金属罐中。

（2）应时刻注意将车间内的所有工具、零部件、设备、车辆等摆放整齐，工作结束后摆放于指定地点保管。

（3）车间内设备或车辆周围的人行道及工作区域必须保证足够的安全空间。

（4）操作过程中应做到油品、工具、配件三不落地，作业完毕应及时清理车间工作场地，做到现场 6S 管理。

四、任务分配

任务分配见表 13-1。

表 13-1　　　　　　　　　　　　　　任务分配

职务	代码	姓名	工作内容
组长	A		
组员	B		
	C		
	D		
	E		
	F		

五、任务实施

(一)操作步骤

(1)分解发电机,并完成表 13-2 的填写。

表 13-2　　　　　　　　　　　　　操作步骤(1)

步骤	项目	顺序	工作内容
1	拆卸底部护盖	1	使用 4 mm 套管拆卸发电机底部塑料护盖
		2	取下护盖
2	拆卸整流器与电刷架	1	使用 8 mm 套管拆卸电刷架上的接线柱螺母,同时用 4 mm 套管拆卸电刷架上的固定螺栓并将其取下
		2	
		3	
3	拆卸传动带盘	1	
		2	
4	拆卸前、后端盖	1	
		2	
		3	分离前、后端盖

(2)检查发电机,并完成表 13-3 的填写。

表 13-3　　　　　　　　　　　　　操作步骤(2)

步骤	项目	顺序	工作内容
1	检查转子	1	用数字式万用表的 200 Ω 挡测量两滑环之间的电阻,应符合技术标准。若电阻值为∞,则说明两滑环断路;若电阻值过小,则说明其短路。一般电阻值为 3.5~6 Ω
		2	
		3	
2	检查定子	1	检查定子绕组是否短路或断路。用数字式万用表 200 Ω 挡测量定子绕组三个接线柱之间的电阻,两两测量。正常时三个绕组线圈的电阻值小于 1 Ω 且相等;若电阻值为∞,则说明其断路;若电阻值为 0,则说明其短路
		2	
3	检查整流器	1	用数字式万用表的欧姆挡检查整流器。用黑色表笔接整流器输出端子,用红色表笔分别接整流器各接线柱,数字式万用表均应导通,否则说明该二极管断路
		2	
		3	
		4	
4	检查电刷	1	
		2	检查电刷弹力

（3）组装发电机，并完成表 13-4 的填写。

表 13-4　　　　　　　　　　　操作步骤（3）

步骤	项目	顺序	工作内容
1	组装前、后端盖	1	将定子安装在后端盖上
		2	将前、后端盖按位置组合上
		3	
2	安装传动带盘	1	
		2	
3	安装整流器及电刷架	1	使用 4 mm 套管安装整流器并紧固螺栓
		2	
		3	
4	安装底部护盖	1	
		2	使用 4 mm 套管安装并紧固固定螺栓

（4）拆装发电机，并完成表 13-5 的填写。

表 13-5　　　　　　　　　　　操作步骤（4）

步骤	项目	顺序	工作内容
1	安全防护与工作准备	1	将车辆驶入工位停好，将变速器置于空挡，熄火并拉紧驻车制动器
		2	铺设三件套
		3	
2	拆卸发电机前的工作	1	
		2	使用 10 mm 套管松开蓄电池负极柱紧固螺母，并取下负极柱卡箍
3	拆卸发电机	1	
		2	
		3	
		4	拔下发电机后部插接器，使用撬板撬动发电机，将其轻轻取下
		5	
4	安装发电机	1	用台钳卡住发电机，装入固定螺栓。使用轻铁锤和铜棒敲击螺栓，使发电机固定铁箍移位（使发电机安装时更易入位）
		2	
		3	
		4	
		5	将发电机传动带按原位置缠绕各传动带盘；使用 15 mm 呆扳手扳住张紧器上方凸起，向下压释放张紧器压力；将传动带放置到张紧轮下方并压住后松开张紧器
		6	安装空气滤清器壳，并用专用卡簧钳固定空气滤清器壳进气管

续表

步骤	项目	顺序	工作内容
5	测量发电量	1	
		2	
		3	
		4	调节时钟
6	整理	1	
		2	
7	正确安装发电机传动带	1	
		2	
		3	将助力泵传动带盘上部的传动带自下而上套入空调压缩机传动带盘的内部
		4	
		5	

(二)实施记录

结合实施过程,对照表 13-6 的检查项目,勾选或填写实际的检查结果。

表 13-6 　　　　　　　　　　　　实施记录

序号	项目	检查结果	备注
1	用数字式万用表的欧姆挡测量转子两集电环之间的电阻	测量电阻值_____Ω	标准电阻值_____Ω
2	用数字式万用表欧姆挡检测转子两集电环与铁芯(或转子轴)之间的导通情况	导通 □　不导通 □	
3	用数字式万用表欧姆挡测量定子绕组三个接线柱之间的电阻,两两检查	接线端1、2电阻值_____Ω 接线端1、3电阻值_____Ω 接线端2、3电阻值_____Ω	
4	检查整流器二极管	正常 □　损坏 □	
5	检查电刷	正常 □　损坏 □	
6	检查电刷架	正常 □　损坏 □	

六、检查

(一)自检

结合本组任务操作过程,对任务执行过程中的操作规范性进行检查,检查操作过程中是否存在以下问题,分析、讨论应如何避免并总结规范的操作方法(表 13-7)。

表 13-7 自检

检查项目	结果
车辆停放位置是否合适,是否将变速器置于空挡并拉紧驻车制动器	是 ☐ 否 ☐
是否使用三件套对车辆进行防护	是 ☐ 否 ☐
举升机是否按规范操作,是否注意人身安全	是 ☐ 否 ☐
转子检查方法是否正确	是 ☐ 否 ☐
定子检查方法是否正确	是 ☐ 否 ☐
整流器检查方法是否正确	是 ☐ 否 ☐
电刷检查方法是否正确	是 ☐ 否 ☐
发电机传动带安装方法是否正确	是 ☐ 否 ☐

(二)互检

组与组之间相互进行任务操作过程及结果检查,并把检查结果填写在表 13-8 中。

表 13-8 互检

检查项目	结果
车辆停放位置是否合适,是否将变速器置于空挡并拉紧驻车制动器	是 ☐ 否 ☐
是否使用三件套对车辆进行防护	是 ☐ 否 ☐
举升机是否按规范操作,是否注意人身安全	是 ☐ 否 ☐
转子检查方法是否正确	是 ☐ 否 ☐
定子检查方法是否正确	是 ☐ 否 ☐
整流器检查方法是否正确	是 ☐ 否 ☐
电刷检查方法是否正确	是 ☐ 否 ☐
发电机传动带安装方法是否正确	是 ☐ 否 ☐

七、课堂小结

微课动画

实操视频

汽车电器与电子系统检查与修理任务工单			
客户信息	姓名	电话	
车辆信息	车型	VIN	行驶里程

客户描述

制动灯不亮 ☐	近光灯不亮 ☐	远光灯不亮 ☐	雾灯不亮 ☐
发动机加速无力 ☐	发动机无法启动 ☐	轮胎无气压 ☐	制动跑偏 ☐
制动液液位偏低 ☐	蓄电池亏电 ☐	蓄电池充不上电 ☐	发电机不发电 ☐
基本电路故障 ☐	变光开关损坏 ☐	玻璃升降器不工作 ☐	充电指示灯异常点亮 ☐

其他:

_____

_____

_____

车辆外观检查		车辆内部检查	
凹凸 ☐		污渍 ☐	
划痕 ☐		破损 ☐	
石击 ☐		色斑 ☐	
油漆 ☐		变形 ☐	

明确具体工作任务

_____

_____

_____

- 能够对发电机充电电路进行检查
- 能够根据检查结果判定故障原因并排除故障
- 能够向客户解释发电机电路故障的原因

- 蓄电池充电指示灯的作用
- 发电机电路的控制方法
- 发电机电路的检查方法

- 发电机电路的检查方法

- 发电机发电量就车检查

一、知识讲解

(一)蓄电池充电指示灯的作用

蓄电池充电指示灯(图 14-1)的主要作用是在行车时检测发电机的发电量,一旦发现发电机发电量低于蓄电池电压或不发电,则蓄电池充电指示灯点亮。

图 14-1　蓄电池充电指示灯

(二)发电机电路的控制方法

如图 14-2 所示为发电机电路接线图,当打开点火开关时,仪表控制单元通过蓄电池充电指示灯后向发电机插接器插头 1 号端子提供电源电压,给发电机转子绕组通电,并通过电压调节器后方电路搭铁。此时发电机转子绕组通电产生磁场,蓄电池充电指示灯亮。

当发动机开始运转,发电机开始发电,此时发电机转子绕组由开始时的蓄电池励磁改为发电机自身励磁。此时加载到蓄电池充电指示灯两端的电压相同(都为蓄电池电压),蓄电池充电指示灯熄灭。

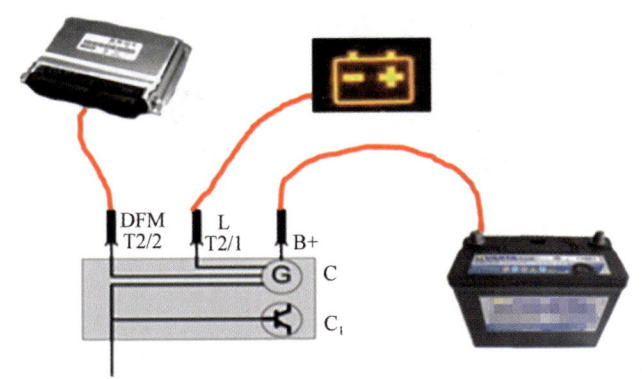

图 14-2　发电机电路接线图

(三)发电机电路的检查方法

1.励磁电路的检查

打开点火开关,拔下发电机后方插接器,检查有无电源电压。若插接器插头 1 号端子有电源电压,说明可能是内部励磁电路断路或调节器损坏;若插接器插头 1 号端子无电源电压,说明仪表到发电机之间线路存在断路或短路,此时应观察指示灯。若指示灯熄灭,则说明仪表到发电机之间线路断路;若指示灯常亮,则说明仪表到发电机之间线路短路。

2.发电量的检查

使用引出线将插接器插头 1 号端子接线引出,启动发动机,检查 1 号端子电压,应大于 14 V(与发电机 B+端子电压相同)。若 1 号端子电压低于发电机 B+端子电压,说明电压调节器损坏。

二、任务准备

在下列图片中勾选出完成本任务所需的工具、设备、资料等。

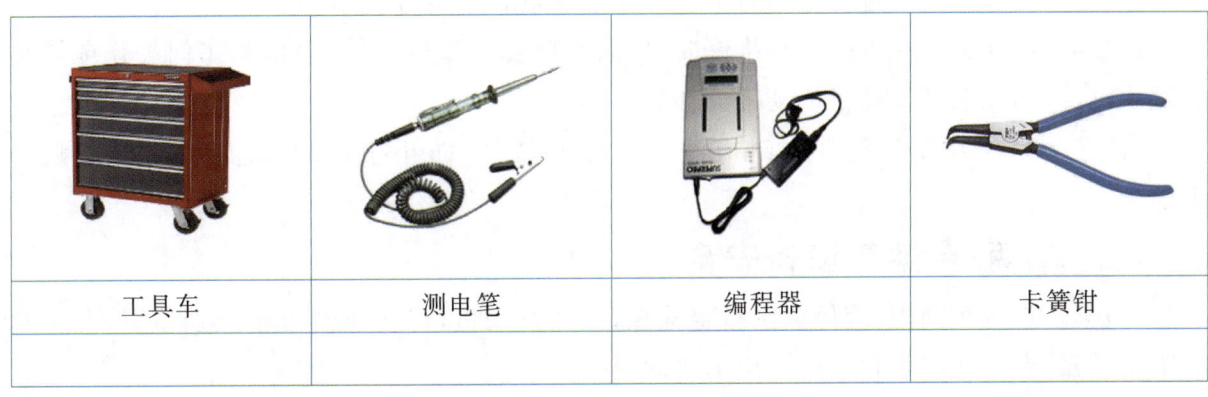

工具车	测电笔	编程器	卡簧钳

常用工具套装	万用表	手电筒	干荷式电池放电器
压力表	防护用品	实训车辆	拆画好的电路图
举升机	维修手册	发电机	跨接线

三、防护措施

（一）个人安全防护

（1）维修操作人员必须穿工作服、工作鞋，戴工作帽、手套；工作服拉链及皮带扣应藏于衣服内侧，袖口、领口、裤脚扣紧；女生长发要盘起藏在工作帽内。

（2）维修操作人员在进入车间时不应戴手表、戒指、项链等金属饰品。

（3）维修操作人员在进行车辆维修时，应防止脚部被车轮轧伤，手部被车门夹伤或被热的发动机烫伤，以及被发动机传动带绞伤。

（4）在搬运重物及尖锐器物时应注意动作和姿势，防止扭伤腰部、砸伤脚部或划伤手部。

（二）车辆/台架等设备安全

（1）车辆进入车间内，应停放至指定地点，关闭发动机，将变速器置于空挡位置，并拉紧驻车制动器，台架应将滑轮锁死或用木块固定。

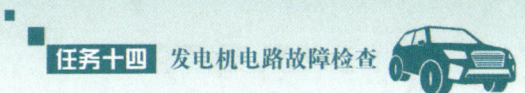

（2）维修操作前,应铺设三件套及翼子板布。发动机启动前应确保其他人员远离车辆。

（3）操作电气设备时应注意用电安全。作业结束后,应及时切断一切用电设备的电源。

（4）操作前应熟读维修手册中的操作标准和台架、仪器、设备的使用标准,并做好日常维护工作。

（三）车间场地安全防护

（1）车间应配有干粉灭火器及相应的消防设施,易燃油品应存放在密封的金属罐中。

（2）应时刻注意将车间内的所有工具、零部件、设备、车辆等摆放整齐,工作结束后摆放于指定地点保管。

（3）车间内设备或车辆周围的人行道及工作区域必须保证足够的安全空间。

（4）操作过程中应做到油品、工具、配件三不落地,作业完毕应及时清理车间工作场地,做到现场 6S 管理。

四、任务分配

任务分配见表 14-1。

表 14-1　　　　　　　　　　　　　　任务分配

职务	代码	姓名	工作内容
组长	A		
组员	B		
	C		
	D		
	E		
	F		

五、任务实施

（一）操作步骤

将表 14-2 中的工作内容补充完整。

表 14-2　　　　　　　　　　　　　　操作步骤

步骤	项目	顺序	工作内容
1	安全防护与工作准备	1	将车辆驶入工位停好,将变速器置于空挡,熄火并拉紧驻车制动器
		2	铺设三件套
		3	
		4	
		5	

步骤	项目	顺序	工作内容
2	发电机充电电路检查	1	使用万用表 20 V 电压挡,并用红色和黑色表笔分别连接蓄电池正、负极柱,测量发电机发电量,正常约为 14.5 V。若发电量符合标准,则测量结束;若不发电或发电量不足,则进行下一步检查
		2	
		3	
		4	发电机不发电,检查蓄电池上部熔断器 S01。若熔丝熔断,则进行更换;若熔丝正常,则进行下一步检查
3	发电机励磁及指示灯电路检查	1	发电机不发电,观察蓄电池指示灯是否点亮。若指示灯点亮,则拔下发电机插接器,使用万用表蜂鸣挡测量 1 号端子与任意搭铁点是否导通。若两者导通,则说明该线路对地短路;若不导通,则说明发电机损坏。若发电机不发电、指示灯也不点亮,则进行下一步检查
		2	
		3	
		4	
		5	
		6	将仪表后部插头插入仪表,并扣好熔断器
		7	将仪表按原位置装回,安装仪表外框下方螺钉外盖,使用十字旋具分别安装上部和下部的固定螺钉。用相同的方法安装另一侧的螺钉,装好外框和转向盘套
		8	
4	整理	1	
		2	
		3	清理地面卫生

(二)实施记录

结合实施过程,对照表 14-3 的检查项目,勾选或填写实际的检查结果。

表 14-3 实施记录

序号	项目	检查结果	备注
1	观察蓄电池指示灯是否点亮	点亮 □　不亮 □	
2	测量蓄电池电压	电压值_____ V	
3	测量发电机发电量	电压值_____ V	
4	使用万用表 20 V 电压挡测量发电机 3 号端子至蓄电池负极电压	电压值_____ V	
5	使用万用表 200 Ω 挡测量发电机 3 号端子至熔断器 S01 上方线路电阻	电阻值_____ Ω	
6	检查蓄电池正极柱	正常 □　腐蚀 □　氧化 □　松动 □	
7	检查熔断器 S01	正常 □　熔断 □	
8	检查发电机励磁线路	正常 □　短路 □　断路 □	

六、检查

（一）自检

结合本组任务操作过程，对任务执行过程中的操作规范性进行检查，检查操作过程中是否存在以下问题，分析、讨论应如何避免并总结规范的操作方法（表 14-4）。

表 14-4　　　　　　　　　　　自检

检查项目	结果
车辆停放位置是否合适，是否将变速器置于空挡并拉紧驻车制动器	是 □　否 □
是否使用三件套对车辆进行防护	是 □　否 □
举升机是否按规范操作，是否注意人身安全	是 □　否 □
发电机充电电路检查方法是否正确	是 □　否 □
发电机励磁及指示灯电路检查方法是否正确	是 □　否 □

（二）互检

组与组之间相互进行任务操作过程及结果检查，并把检查结果填写在表 14-5 中。

表 14-5　　　　　　　　　　　互检

检查项目	结果
车辆停放位置是否合适，是否将变速器置于空挡并拉紧驻车制动器	是 □　否 □
是否使用三件套对车辆进行防护	是 □　否 □
举升机是否按规范操作，是否注意人身安全	是 □　否 □
发电机充电电路检查方法是否正确	是 □　否 □
发电机励磁及指示灯电路检查方法是否正确	是 □　否 □

七、课堂小结

微课动画

实操视频

汽车电器与电子系统检查与修理任务工单

客户信息	姓名		电话	
车辆信息	车型	VIN	行驶里程	

客户描述				
	制动灯不亮 □ 近光灯不亮 □	远光灯不亮 □	雾灯不亮 □	
	发动机加速无力 □ 发动机无法启动 □	轮胎无气压 □	制动跑偏 □	
	制动液液位偏低 □ 蓄电池亏电 □	蓄电池充不上电 □	发电机不发电 □	
	基本电路故障 □ 变光开关损坏 □	玻璃升降器不工作 □	充电指示灯异常点亮 □	

客户描述

其他:

_____

_____

_____

车辆外观检查	车辆内部检查
凹凸 □	污渍 □
划痕 □	破损 □
石击 □	色斑 □
油漆 □	变形 □

明确具体
工作任务

_____

_____

_____

● 能够掌握检查启动机各组件的方法
● 能够向客户解释启动机故障的原因

● 启动机的安装位置及作用、启动机的组成
● 启动机的工作原理
● 拆解启动机
● 检查与组装启动机

● 启动机的拆解、检查与组装

● 启动机各组件的检查方法

一、知识讲解

（一）启动机的安装位置及作用

启动机一般安装在发动机与变速器连接处。启动机在工作时，通过启动机上的驱动齿轮带动发动机飞轮上的齿圈，给发动机一个初始动力，使发动机中的气缸完成一个工作循环，之后通过"点火"做功行程产生推动力，以便顺利启动。

（二）启动机的组成

启动机主要由带驱动齿轮的直流电动机、拨叉、电磁开关和单向离合器等组成，如图 15-1 所示。

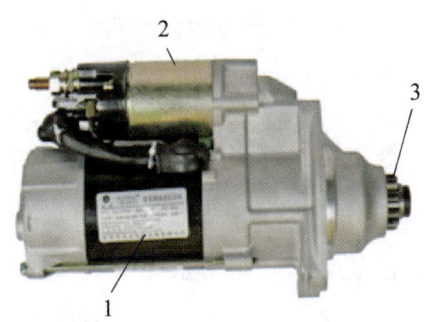
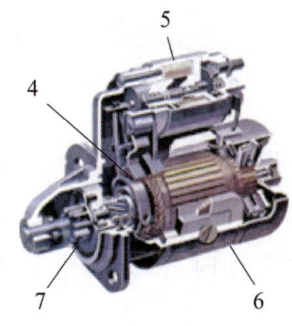

图 15-1　启动机的组成

1、6—直流电动机；2、5—电磁开关；3、7—驱动齿轮；4—拨叉

(三)启动机的工作原理

电磁开关的主要作用是接通直流电动机的电路,使启动机运转,同时还带动驱动齿轮的拨叉使驱动齿轮进入啮合状态。电磁开关主要由活动铁芯、吸拉线圈、保持线圈、开关接触片等组成,如图 15-2 所示。

当点火开关打到启动挡时,电磁开关中的保持线圈和吸拉线圈同时工作,带动活动铁芯移动,使得开关接触片将端子 30 与端子 C 接合,来自蓄电池的大电流作用到启动机上,带动启动机运转。

电磁开关中的吸拉线圈与直流电动机的电磁线圈串联在一起,当电磁开关还未将端子 30 和端子 C 接合时,流经吸拉线圈的电流经过电动机的电磁线圈搭铁,同时以较小电流带动电动机转动一个角度,方便电动机前方的齿轮进入啮合。

当电磁开关闭合后,流经吸拉线圈的电流被开关接触片短路,吸拉线圈退出工作,电磁开关只依靠保持线圈中产生的电磁场将活动铁芯保持在启动位置,如图 15-3 所示。

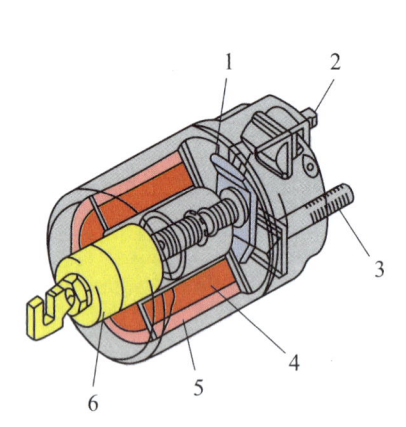

图 15-2 电磁开关的组成

1—开关接触片;2—端子 30;3—端子 C;
4—吸拉线圈;5—保持线圈;6—活动铁芯

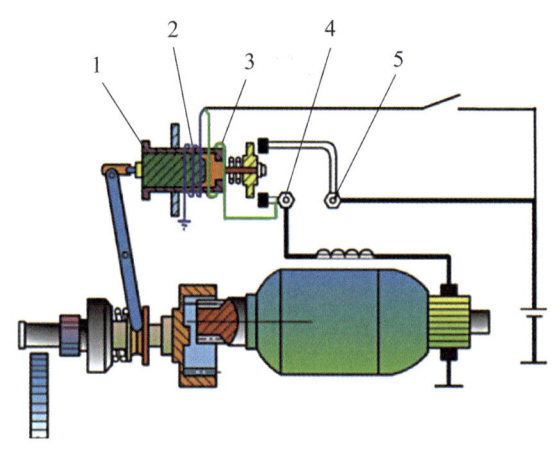

图 15-3 电磁开关原理

1—活动铁芯;2—保持线圈;3—吸拉线圈;
4—端子 C;5—端子 30

启动机传动机构主要由驱动齿轮、单向离合器和拨叉等组成。当电磁开关工作时,活动铁芯带动拨叉将驱动齿轮拨到与发动机齿圈相啮合的位置,从而使驱动齿轮带动发动机齿圈运转;停止工作时,驱动齿轮应即刻回到初始位置,防止发动机带动启动机高速运转而损坏电动机。

驱动齿轮通过带单向离合器的花键套与直流电动机的转子连接在一起。单向离合器可以实现扭力的单向传递,其内圈通过花键与转子相连,外圈则与驱动齿轮连接在一起。当启动机运转时,单向离合器内圈带动离合器内部滚柱克服弹簧力向外圈楔槽小端靠拢并被内、外圈卡紧,依靠摩擦力带动外圈转动,实现力矩传递。

当发动机启动后,若驱动齿轮不回位,则发动机带动启动机驱动齿轮沿顺时针方向旋转。此时,单向离合器外圈和滚柱弹簧迫使离合器内部滚柱滚向楔槽大端,中断单向离合器外圈向内圈的动力传递,从而防止直流电动机高速运转而损坏启动机。

在车辆启动时出现的"咔咔"声响是由启动机的电磁开关发出的。当车辆启动时,启动机电磁开关中的电磁线圈通电,使得后方的开关接触片将端子 30 与端子 C 接合,接通启动机运转电路,同时向后拉动拨叉,拨动驱动齿轮向前移动与发动机齿圈相啮合。启动机的基本原理如图 15-4 所示。

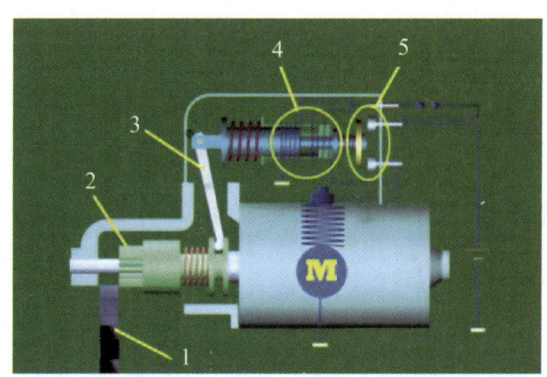

图 15-4 启动机的基本原理

1—飞轮齿;2—驱动齿轮;3—拨叉;4—电磁线圈;5—电磁开关

若车辆启动时,启动机因内部损坏或蓄电池亏电,造成电动机中的实际电流达不到工作电流,电动机便会停止运转,但仍能听到电磁开关闭合时产生的"咔咔"声。

(四)拆解启动机

启动机的结构分解图如图 15-5 所示。

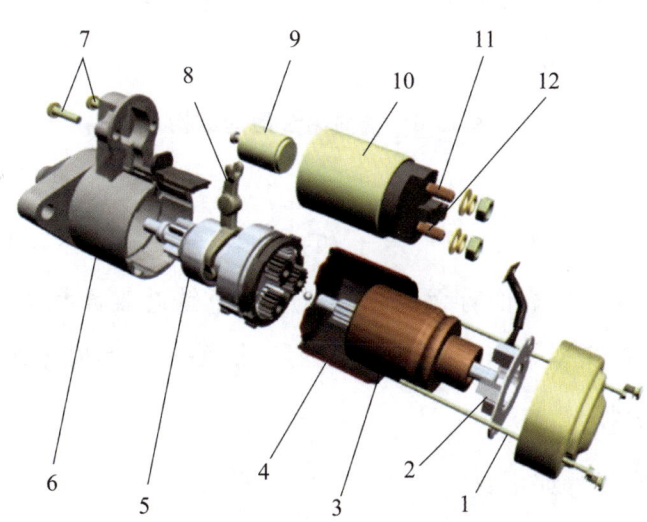

图 15-5 启动机的结构分解图

1—穿心螺栓;2—电刷架;3—电动机转子;4—电动机壳体;5—单向离合器;6—前端盖;
7—电磁开关固定螺栓;8—拨叉;9—活动铁芯;10—电磁开关;11—端子 30;12—端子 C

拆解启动机的操作步骤如下：

(1)拆下电磁开关并断开电磁开关与直流电动机和拨叉之间的连接。

(2)拆开启动机的穿心螺栓。

(3)将启动机前端盖连同拨叉等一并取出。

(4)拆开启动机电动机壳体与后端盖的连接,取下直流电动机电刷架。

(5)将电动机转子从壳体中抽出。

(五)检查启动机

检查启动机时,主要检查电磁开关、启动机传动机构和直流电动机等。

1.检查电磁开关

在对电磁开关进行检查时,应分别检测电磁开关的吸拉线圈和保持线圈电阻是否正常,同时还应检查开关接触片和端子 30、C 的接触表面有无烧蚀现象,并使用细砂纸打磨其接触面。

2.检查启动机传动机构

在对启动机传动机构进行检查时,应检查拨叉有无变形,驱动齿轮有无缺齿、裂纹等现象,还应检查单向离合器工作是否正常。单向离合器的结构如图 15-6 所示。

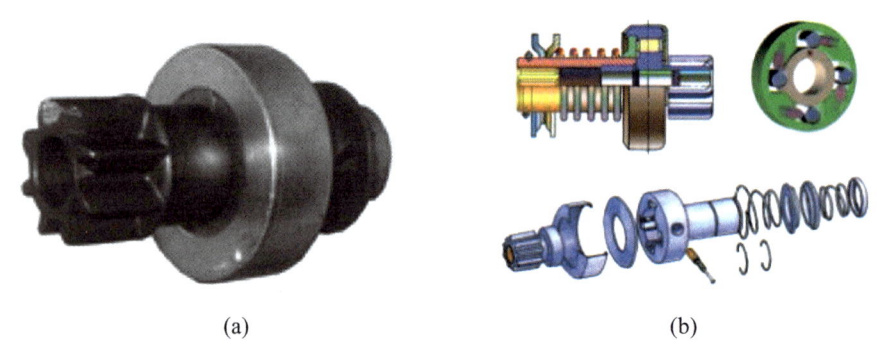

(a)　　　　　　　　　　　　　　　(b)

图 15-6　单向离合器的结构

3.检查直流电动机

启动机的直流电动机主要由转子、定子和换向器等组成。在对直流电动机进行检查时,主要检查转子上的换向器表面有无烧蚀、磨损,转子铁芯表面和电动机壳体内壁有无磨损,换向器电刷长度及弹簧弹力是否合适,以及启动机轴承有无损坏或卡滞现象。

(六)组装启动机

组装启动机的操作步骤如下：

(1)将电刷架与电动机转子的换向器安装在一起,再将电刷架安装在启动机后端盖内并固定。

(2)将电动机转子连同后端盖一起装入电动机壳体内,并将电动机壳体与后端盖固定。

（3）将电动机与拨叉一起装入启动机前端盖，使用穿心螺栓将后端盖与前端盖连接并固定。

（4）安装活动铁芯到拨叉上，并将其安装到电磁开关内。

（5）使用螺钉将电磁开关与前端盖固定，连接启动机接线柱到电磁开关上。

二、任务准备

在下列图片中勾选出完成本任务所需的工具、设备、资料等。

工具车	测电笔	编程器	卡簧钳
常用工具套装	万用表	手电筒	干荷式电池放电器
压力表	防护用品	实训车辆	拆画好的电路图

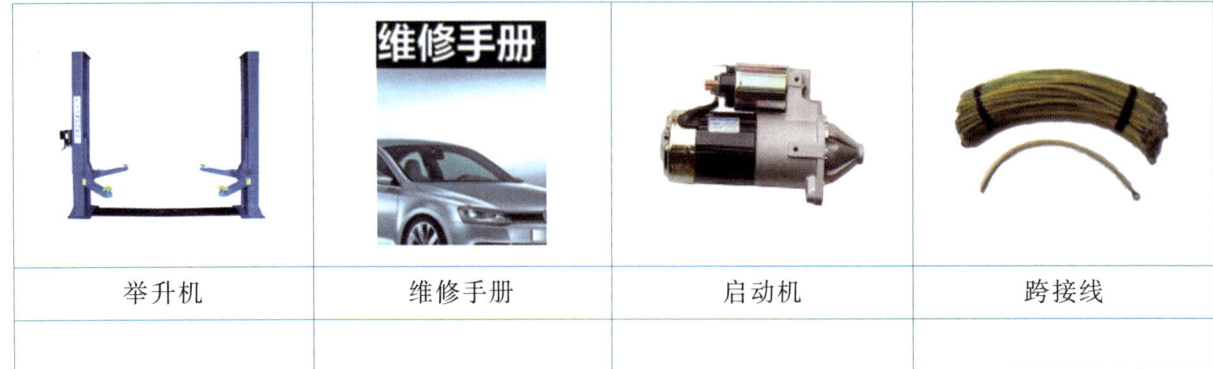

举升机	维修手册	启动机	跨接线

三、防护措施

(一)个人安全防护

(1)维修操作人员必须穿工作服、工作鞋,戴工作帽、手套;工作服拉链及皮带扣应藏于衣服内侧,袖口、领口、裤脚扣紧;女生长发要盘起藏在工作帽内。

(2)维修操作人员在进入车间时不应戴手表、戒指、项链等金属饰品。

(3)维修操作人员在进行车辆维修时,应防止脚部被车轮轧伤,手部被车门夹伤或被热的发动机烫伤,以及被发动机传动带绞伤。

(4)在搬运重物及尖锐器物时应注意动作和姿势,防止扭伤腰部、砸伤脚部或划伤手部。

(二)车辆/台架等设备安全

(1)车辆进入车间内,应停放至指定地点,关闭发动机,将变速器置于空挡位置,并拉紧驻车制动器,台架应将滑轮锁死或用木块固定。

(2)维修操作前,应铺设三件套及翼子板布。发动机启动前应确保其他人员远离车辆。

(3)操作电气设备时应注意用电安全。作业结束后,应及时切断一切用电设备的电源。

(4)操作前应熟读维修手册中的操作标准和台架、仪器、设备的使用标准,并做好日常维护工作。

(三)车间场地安全防护

(1)车间应配有干粉灭火器及相应的消防设施,易燃油品应存放在密封的金属罐中。

(2)应时刻注意将车间内的所有工具、零部件、设备、车辆等摆放整齐,工作结束后摆放于指定地点保管。

(3)车间内设备或车辆周围的人行道及工作区域必须保证足够的安全空间。

(4)操作过程中应做到油品、工具、配件三不落地,作业完毕应及时清理车间工作场地,做到现场6S管理。

四、任务分配

任务分配见表 15-1。

表 15-1 任务分配

职务	代码	姓名	工作内容
组长	A		
组员	B		
	C		
	D		
	E		
	F		

五、任务实施

(一)操作步骤

(1)分解启动机,并完成表 15-2 的填写。

表 15-2 操作步骤(1)

步骤	项目	顺序	工作内容
1	拆卸电磁开关	1	使用 13 mm 套管拆卸电磁开关尾部线路连接螺母
		2	
		3	
2	分解启动机	1	使用 8 mm 套管拆卸启动机尾部穿心螺栓
		2	
		3	
		4	取下拨叉、单向离合器及挡块

(2)检查启动机,并完成表 15-3 的填写。

表 15-3 操作步骤(2)

步骤	工作内容
1	检查定子永久磁铁的固定情况,有无损坏、松动
2	
3	

续表

步骤	工作内容
4	
5	
6	检查电刷长度。电刷长度一般不小于 10 mm;电刷在电刷架内应活动自如,无卡滞现象;电刷与换向器接触面积应不小于 80%

（3）组装启动机,并完成表 15-4 的填写。

表 15-4   **操作步骤(3)**

步骤	项目	顺序	工作内容
1	组装启动机	1	安装单向离合器及拨叉,并放入挡块
		2	
		3	
		4	
2	安装电磁开关	1	安装回位弹簧及电磁开关
		2	
		3	

（4）测试启动机,并完成表 15-5 的填写。

表 15-5   **操作步骤(4)**

步骤	项目	顺序	工作内容
1	测试启动机电磁开关	1	将启动机放置在台钳上并锁死
		2	用正极搭线一端夹住蓄电池正极,另一端夹住启动机电磁开关控制端子
		3	
2	测试启动机电动机	1	断开蓄电池负极连接线,将电磁开关端子上的正极连接线取下,接在启动机供电端子上
		2	
		3	
3	整理	1	将跨接线整理好,并放置在工作台上
		2	
		3	
		4	将启动机从台钳上取下,并放置在工作台上

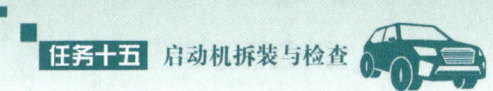

（5）更换启动机，并完成表15-6的填写。

表15-6 操作步骤（5）

步骤	项目	顺序	工作内容
1	安全防护与工作准备	1	将车辆驶入工位停好，将变速器置于空挡，熄火并拉紧驻车制动器
		2	铺设三件套
		3	
		4	
2	举升车辆	1	
		2	
3	拆卸启动机前的工作		
4	拆卸启动机	1	拆卸启动机供电端子保护盖，使用13 mm套管拆卸供电端子固定螺栓，取下供电线，并拔下尾部插接器
		2	
		3	
		4	
		5	
		6	
5	安装启动机	1	将启动机安装到固定位置，使用16 mm和17 mm套管紧固启动机下部螺栓至65 N·m
		2	
		3	
		4	安装发动机前支架固定螺栓，使用15 mm套管将其紧固至65 N·m，并拆卸发动机吊件
		5	安装启动机上部固定螺栓，使用16 mm套管将其紧固至65 N·m；将启动机上部线束铁架安装到固定位置，使用13 mm套管将其紧固至25 N·m
		6	
6	测试启动机	1	
		2	
		3	
7	整理	1	将车辆降至地面并撤去举升臂、三件套及翼子板布
		2	整理工具，打扫现场卫生

（二）实施记录

结合实施过程，对照表 15-7 的检查项目，勾选或填写实际的检查结果。

表 15-7   实施记录

序号	项目	检查结果	备注
1	检查定子永久磁铁的固定情况	正常 □　损坏 □　松动 □	
2	检测转子（电枢）绕组电阻值	无穷大 □　零 □	
3	测量磁力开关吸拉线圈电阻值	测量电阻值_____ Ω	标准电阻值_____ Ω
4	测量磁力开关保持线圈电阻值	测量电阻值_____ Ω	标准电阻值_____ Ω
5	检查单向离合器	正常 □　损坏 □	
6	检查行星齿轮机构	正常 □　磨损 □　损坏 □	
7	检查电刷	正常 □　卡滞 □　磨损 □	

六、检查

（一）自检

结合本组任务操作过程，对任务执行过程中的操作规范性进行检查，检查操作过程中是否存在以下问题，分析、讨论应如何避免并总结规范的操作方法（表 15-8）。

表 15-8   自检

检查项目	结果
车辆停放位置是否合适，是否将变速器置于空挡并拉紧驻车制动器	是 □　否 □
是否使用三件套对车辆进行防护	是 □　否 □
举升机是否按规范操作，是否注意人身安全	是 □　否 □
启动机定子永久磁铁检查方法是否正确	是 □　否 □
启动机转子检查方法是否正确	是 □　否 □
启动机磁力开关检查方法是否正确	是 □　否 □
启动机单向离合器检查方法是否正确	是 □　否 □
启动机电刷检查方法是否正确	是 □　否 □

（二）互检

组与组之间相互进行任务操作过程及结果检查，并把检查结果填写在表 15-9 中。

表 15-9　　　　　　　　　　　　　　　　　　　　互检

检查项目	结果
车辆停放位置是否合适,是否将变速器置于空挡并拉紧驻车制动器	是 □　否 □
是否使用三件套对车辆进行防护	是 □　否 □
举升机是否按规范操作,是否注意人身安全	是 □　否 □
启动机定子永久磁铁检查方法是否正确	是 □　否 □
启动机转子检查方法是否正确	是 □　否 □
启动机磁力开关检查方法是否正确	是 □　否 □
启动机单向离合器检查方法是否正确	是 □　否 □
启动机电刷检查方法是否正确	是 □　否 □

七、课堂小结

微课动画

实操视频

汽车电器与电子系统检查与修理任务工单			
客户信息	姓名		电话
车辆信息	车型	VIN	行驶里程

客户描述	制动灯不亮 □	近光灯不亮 □	远光灯不亮 □	雾灯不亮 □
	发动机加速无力 □	发动机无法启动 □	轮胎无气压 □	制动跑偏 □
	制动液液位偏低 □	蓄电池亏电 □	蓄电池充不上电 □	发电机不发电 □
	基本电路故障 □	变光开关损坏 □	玻璃升降器不工作 □	充电指示灯异常点亮 □
	其他：			
	_____			
	_____			

	车辆外观检查		车辆内部检查
凹凸 □		污渍 □	
划痕 □		破损 □	
石击 □		色斑 □	
油漆 □		变形 □	

明确具体工作任务	_____
	_____

能够根据启动机电路对车辆启动系统进行检查并排除故障

启动机电路的组成及控制方式
启动机电路的检查方法

启动机电路的组成

启动机电路的检查方法

一、知识讲解

(一)启动机电路的组成及控制方式

启动机电路由蓄电池、点火开关、启动机总成、启动继电器等组成。

启动车辆时,将点火开关旋转至启动位置,电流经蓄电池正极流出,经启动开关端子30进入点火开关,后经点火开关端子50流出,到达启动机电磁开关。此时电磁开关闭合,由蓄电池正极连接线流出的大电流经电磁开关接通启动机内部的励磁绕组,产生磁场,使启动机旋转。

(二)启动机电路的检查方法

下面主要介绍下点火开关和电磁开关的检查方法。

1.点火开关的检查方法

(1)拔下点火开关插接器,将点火开关旋至启动挡,检查点火开关后方30号针脚与50号针脚之间是否导通。若两针脚不导通,说明点火开关损坏。

(2)拔下点火开关插接器插头,检查插接器插头端子30有无电源电压。若端子30无电源电压,说明点火开关与蓄电池正极连接线存在断路或蓄电池正极连接线未固定好。

2.电磁开关的检查方法

(1)拔下电磁开关后方端子50的插头,将点火开关旋至启动挡,检查插头有无电源电压。若插头无电源电压,说明点火开关损坏或点火线路存在断路故障。

（2）使用万用表欧姆挡检查电磁开关 50 号针脚与蓄电池负极之间的电阻值，应符合规定值。若电阻值小于规定值，则说明电磁开关内部存在短路；若大于规定值，则说明电磁开关内部存在断路或变速器与车身搭铁点存在虚接等情况。

二、任务准备

在下列图片中勾选出完成本任务所需的工具、设备、资料等。

 工具车	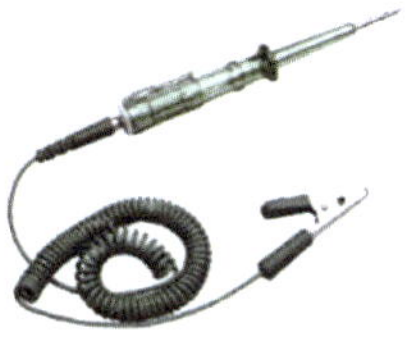 测电笔	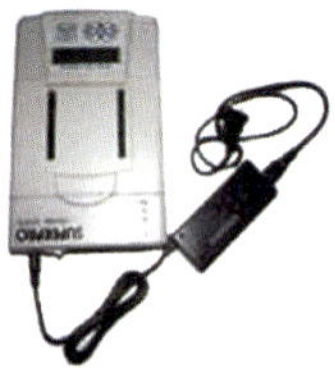 编程器	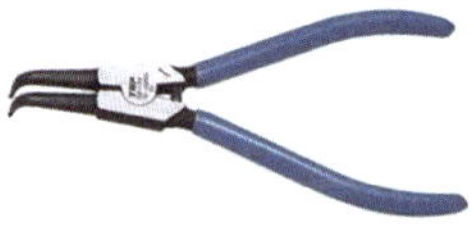 卡簧钳
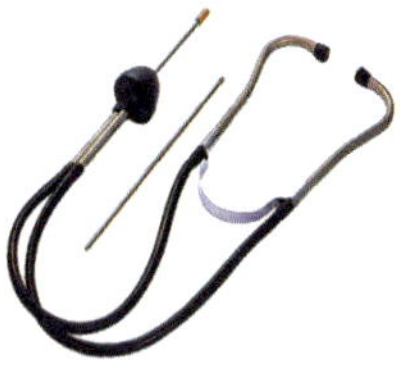 听诊器	 万用表	 手电筒	 干荷式电池放电器
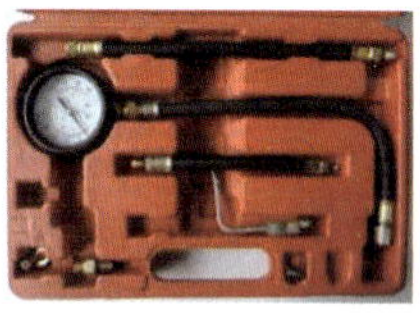 压力表	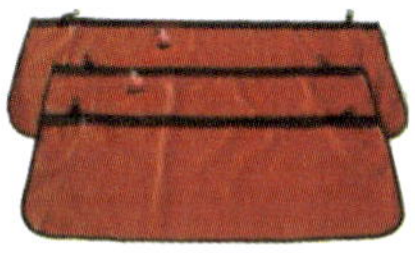 防护用品	 实训车辆	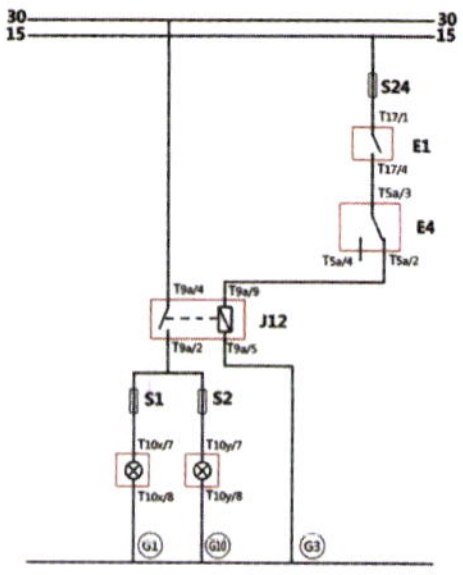 拆画好的电路图

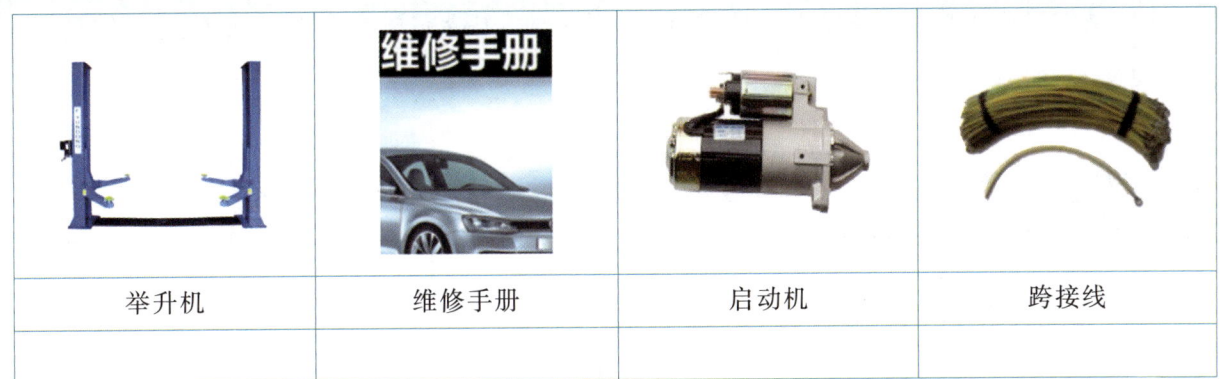

举升机	维修手册	启动机	跨接线

三、防护措施

(一)个人安全防护

(1)维修操作人员必须穿工作服、工作鞋,戴工作帽、手套;工作服拉链及皮带扣应藏于衣服内侧,袖口、领口、裤脚扣紧;女生长发要盘起藏在工作帽内。

(2)维修操作人员在进入车间时不应戴手表、戒指、项链等金属饰品。

(3)维修操作人员在进行车辆维修时,应防止脚部被车轮轧伤,手部被车门夹伤或被热的发动机烫伤,以及被发动机传动带绞伤。

(4)在搬运重物及尖锐器物时应注意动作和姿势,防止扭伤腰部、砸伤脚部或划伤手部。

(二)车辆/台架等设备安全

(1)车辆进入车间内,应停放至指定地点,关闭发动机,将变速器置于空挡位置,并拉紧驻车制动器,台架应将滑轮锁死或用木块固定。

(2)维修操作前,应铺设三件套及翼子板布。发动机启动前应确保其他人员远离车辆。

(3)操作电气设备时应注意用电安全。作业结束后,应及时切断一切用电设备的电源。

(4)操作前应熟读维修手册中的操作标准和台架、仪器、设备的使用标准,并做好日常维护工作。

(三)车间场地安全防护

(1)车间应配有干粉灭火器及相应的消防设施,易燃油品应存放在密封的金属罐中。

(2)应时刻注意将车间内的所有工具、零部件、设备、车辆等摆放整齐,工作结束后摆放于指定地点保管。

(3)车间内设备或车辆周围的人行道及工作区域必须保证足够的安全空间。

（4）操作过程中应做到油品、工具、配件三不落地，作业完毕应及时清理车间工作场地，做到现场6S管理。

四、任务分配

任务分配见表16-1。

表16-1　　　　　　　　　　　　　　　　　任务分配

职务	代码	姓名	工作内容
组长	A		
组员	B		
	C		
	D		
	E		
	F		

五、任务实施

（一）操作步骤

将表16-2中的工作内容补充完整。

表16-2　　　　　　　　　　　　　　　　　操作步骤

步骤	项目	顺序	工作内容
1	安全防护与工作准备	1	打开发动机舱盖，铺设三件套及翼子板布
		2	
		3	
2	启动机电路检查	1	拆卸启动机供电端子保护盖，使用万用表20 V挡或试灯检查启动机供电线路是否有12 V电压。若启动机供电线路有12 V电压，则应进行下一步检查；若无12 V电压，则应检查启动机供电线路是否断路，固定螺栓是否松脱、腐蚀，蓄电池正极柱是否松动、腐蚀
		2	
		3	

续表

步骤	项目	顺序	工作内容
3	检查点火开关线路	1	拔下启动机电磁开关后部插接器,转动点火开关至点火挡,使用万用表20 V挡或试灯检查插接器端子30有无12 V电压
		2	
		3	
		4	
		5	用跨接线连接电磁开关插接器,用万用表蜂鸣挡测量端子50至电磁开关插接器线路是否导通。若万用表无反应,则说明该线路断路(若以上检查均正常,则说明启动机损坏,应更换启动机)
4	整理	1	将工具和设备整理归位
		2	将车辆复位
		3	清理地面卫生

(二)实施记录

结合实施过程,对照表16-3的检查项目,勾选实际的检查结果。

表16-3　　　　　　　　　　　　　　　　实施记录

序号	项目	检查结果	备注
1	拔下点火开关插接器插头,检查插接器插头端子30有无12 V电压	有 □　　无 □	
2	拔下点火开关插接器,将点火开关旋至启动挡,检查点火开关后方30号针脚与50号针脚之间是否导通	导通 □　　不导通 □	
3	检查启动机电磁开关	正常 □　　无法吸合 □	
4	检查启动机电动机	正常 □　　损坏 □	

六、检查

(一)自检

结合本组任务操作过程,对任务执行过程中的操作规范性进行检查,检查操作过程中是否存在以下问题,分析、讨论应如何避免并总结规范的操作方法(表16-4)。

表16-4　　　　　　　　　　　　　　　　自检

检查项目	结果
车辆停放位置是否合适,是否将变速器置于空挡并拉紧驻车制动器	是 □　　否 □
是否使用三件套对车辆进行防护	是 □　　否 □

续表

检查项目	结果
点火开关检查方法是否正确	是 □　否 □
启动机电磁开关检查方法是否正确	是 □　否 □
启动机电动机检查方法是否正确	是 □　否 □

（二）互检

组与组之间相互进行任务操作过程及结果检查，并把检查结果填写在表 16-5 中。

表 16-5　　　　　　　　　　　互检

检查项目	结果
车辆停放位置是否合适，是否将变速器置于空挡并拉紧驻车制动器	是 □　否 □
是否使用三件套对车辆进行防护	是 □　否 □
点火开关检查方法是否正确	是 □　否 □
启动机电磁开关检查方法是否正确	是 □　否 □
启动机电动机检查方法是否正确	是 □　否 □

七、课堂小结

微课动画

实操视频